Let's Talk About It

Turning Confrontation into Collaboration at Work

[美] 保罗·L.马西亚诺　著
(Paul L. Marciano)

翁涛　译

高难度沟通

如何应对职场高冲突对话

所有人都讨厌冲突。然而，逃避冲突对你和其他人都没有好处。当你选择让自己避开讨论一个可能会引起冲突而同时又对你很重要的问题时，你难免会变得沮丧，然后怨恨对方，也怨恨自己和自己的懦弱。与此同时，你可能会通过其他渠道向他人抱怨，希望借获得建议的幌子博得同情。有时，这种愤怒会积累到让你失去冷静的地步，导致你对对方的说话方式变得尖酸刻薄，甚至直接发起语言上的人身攻击。坦白地说，这只会让情况更糟。因为这只能向自己和别人表明，你无法控制自己的情绪，更不用说有效地处理问题了。

在我三十多年的职业生涯中，我看到了很多发生在工作场所中的冲突，以及当冲突没有得到解决时，它对人际关系、士气和生产力造成的损害。如果人们能够熟练地掌握高难度对话的技能，工作场所和世界中的许多冲突是可以被解决或提前阻止的。在这本书中，你将了解到导致我们思维系统性扭曲的无意识认知偏差，以及面对不同的人格类型时，我们应如何有效处理高难度对话。你将发现语言真正的力量，学习具体的沟通策略和技巧。本书结合了大量案例，还有一整套场景和脚本，以指导你在工作场合进行健康的对话。这本书会让你的生活发生变化——无论是职业方面还是个人生活方面。

致　谢

在我写作本书的整个过程中，我的朋友 Amanda Eliades Zalla 功不可没。正是因为她的各种贡献，本书才能顺利出版。

非常感谢与我一起共事的诸多组织和领导者。尤为感谢的是 Rob、TJ 和 Michael Earle。他们忠于"质量、效率、诚信"的核心价值观，将 Earle 打造成为一家非凡的公司。我很开心能和他们一起成长。

感谢以下为本书做出突出贡献的朋友：Klingenstein 慈善机构的 Eliot Brenner 博士，SES 公司的 Doug Clayton，缅因州圣约瑟夫学院的 Jim Dlugos 博士，Mannington Mills 公司的 John Emmons，埃默里大学的 Carol Henderson 博士，海军联邦信用合作社的 Bill Hills，耶鲁大学的 Alan Kazdin 博士，LeadX 公司的 Kevin Kruse，Hunterdon 商会的 Chris Phelan，Goodwill 公司的 Leah Pontani，Huber 公司的 Lily Prost、Daniel Krawczyk 和 Sharon Noble，Vision2Voice 公司的 Dan Rehal，威达信公司的 Sharon Werner，Core Association Partners 协会的 Dawn Wilno 等。

感谢那些乐于分享他们各自领域见解和故事的人，包括 Kristen Avery、Josh Budde、Michael Caldwell、David

Desteno 博士、Giles Garrison、Nancee Gelineau、John Hellier、Diane Koury、Robin Lapidus、Jean Larkin、Axel Larsson、Jack Licata、Sharon Mahn、Jeff Masters、Crista McNish、Erica Moffett、John Parks、Krishnan Ramaswami、Laura Reilly、John Rice、Amanda Seirup、Kriste Jordan Smith、Warren Spitzer、Robert Stanisch、Timothy Theiss 和 Joe Wingert。

  非常感谢 Mariah Media 公司的 Jeanne Murphy 和 Colleen Kelly 的无条件支持。写一本书始终是有压力的，这个时候就需要朋友的热情鼓励。因此，感谢 John Bradshaw 不断地和我沟通交流。感谢 Maddie、Taylor、Brady 和 Katie，是他们在生活中赋予我诸多灵感。最后，向我在蜂巢扑克联盟的朋友们致敬。他们一次又一次地证明我在解读肢体语言方面确实很糟糕。

  心存感激。

保罗·L.马西亚诺

前　言

我实在是讨厌冲突。但我已经意识到：回避冲突对我或其他任何人都没有什么好处。当我选择咬紧牙关，不去讨论某个让我担心或不安的问题时，我总是会先感到沮丧，然后就会变得愤慨。这种愤慨不仅仅是因为其他人，也是因为感觉自己在沟通中太懦弱。结果，我常常会假装向别人寻求建议，实际上是为了向他们抱怨并希望获得同情。有的时候，我会愤怒到失控，甚至无法让自己冷静下来。这时我和别人说话时就会变得尖酸刻薄。坦率地说，这是相当不公平的，毕竟对方可能完全不知道我为什么会如此生气。发过脾气之后，我最终会感觉更糟。因为我其实是在告诉自己和他人：我无法控制自己的情绪，更不用说有效地处理问题了。具有讽刺意味的是，当人际关系出现问题的时候，我们经常选择回避谈论它们，并且在此过程中使事情变得更糟。

在三十多年的职业生涯中，我见过很多发生在职场的冲突场景，也见识到这些冲突如果未被解决，会对人际关系、士气和生产力造成多大的损害。其中很多案例至今仍让我感到震惊。例如，某位经理两年来拒绝与他的直接下属交谈；一位员工被解雇时只收到短信通知，因为他的经理想要避免冲突；还有两名员工四个月没有互相交谈，因为其中一位在发送某封邮件时忘记抄送给另外一位。当然了，大多数场景都特别平凡和微妙。我敢笃定，这个时候你已经想到了若干例子。你能猜出来每天在你的公司发生的职场人际冲突的数量有多少，以及它们对个人和组织的负面影响有多大吗？仔细想想，你就不难发现这些冲突是多么令人分心，解决或回避这些冲突会消耗大家多少时间和精力。

我的职场经验告诉我，如果大家能学会坦诚、直截了当地对话，那么职场甚至于整个世界的许多冲突都是可以解决或避免的。你是否曾经回避过某次困难的对话，只是因为一想到它就会让你血压升高、心跳加速？你是否后悔过没有早点进行某次批评性的谈话？因为没有及时进行那次谈话，最后发现情况变得更糟。你是否因为没有勇气正面面对某个人或某种情况而感到沮丧？试想一下，如果你能直接、有效地处理生活中的任何冲突，你的生活会变得多么美好？如果你对上述任意一个问题的答案是"是"，那么请你翻开这本书。

困难的对话

通常一场困难的对话会引发强烈的负面情绪，并可能会导致冲突。大家都觉得，随着紧张局势的加剧，对话可能会变得不可预测和不安全。或许,我们会发现讨论的主题令人尴尬,让我们在某些方面感觉不舒服。我们也可能被迫说一些负面的信息、令人失望的消息。再或者,我们可能只是担心提出问题却得到拒绝的回复。一般来说,困难的对话就是那些我们预计会感觉不舒服并会导致糟糕结果的对话。此类情景包括:

- 和窃取了你的工作成果而受到赞扬的同事对质;
- 与老板讨论为什么你的升职或加薪申请没有通过;
- 让下属停职反省或解雇某员工;
- 辞职面谈;
- 告诉同事他有口臭或体味;
- 告诉主管他犯下的一个严重错误;
- 通知客户无法兑现先前的承诺。

实际上,至关重要的一点是:困难的对话之所以困难,是因为我们认为它是困难的。对话本身无所谓好与坏、难或易。它之所以困难,是因为我们把它标记为这样。如果我们说某件事是"困难的",那么它就是困难的。我们的思想和语言塑造了我们的现实;而且,我们会相信自己永远不会错。分配给你的工作任务是不公平的,是因为你说它是不公平的。你的老板是个混蛋,是因为你认为他是个混蛋。你的同事在搞阴谋,是因为你觉得他在搞阴谋。我们给他人和事情贴上什么样的标签，他们就会是什么样的。

我们评估处理某种情况的难易程度，在很大程度上取决于我们处理这种情况的能力和信心。例如，因为我认为在拥堵的街道开车实在是太难搞定了，所以我从不在纽约市中心开车。我觉得我的驾驶技能不足以驾驭那种走走停停的交通局面（我也不好意思说我还没学会侧方停车）。而另一方面，我会觉得公开演讲很容易，但有些人觉得这件事比登天还难。一般来说，之所以感到压力，是因为我们觉得外部环境的需求超过了我们能够调动的内部资源。因此，大多数人之所以会选择回避他们认为会很困难的对话，原因就是这样做会引起焦虑。但是，如果我们改变思维方式，从不断地暗示自己这是一场困难的对话转变为相信自己有能力进行健康的对话，结果会怎样呢？

健康的对话

我发现成功人士大都非常擅长处理冲突。他们以直接、冷静和尊重的方式迅速解决人际关系的问题。其中不会有相互指责或假惺惺的逢场作戏，并且对话的目标之一是不让对方感到难过或让他感到内疚而道歉。一场富有成效的对话是在双方都充分表达和互相倾听的基础上实现的。这样通常能使遇到的问题迅速得到解决。更加重要的是，这种互动在双方都没有负面情绪积累的前提下取得了结果。

简而言之，他们已经学会如何进行健康的对话。

本书有一整章来介绍如何建立正面的心态。我希望从现在开始，你把困难的对话重新构建为健康的对话。正如那些善于提供纠正性反馈意见的人认为自己提意见是"建设性"的而非"批判性"的一样，善于处理冲突对话的人认为对话应该是"健康的"而不是"困难的"。以这种"健康的"方式进行对话可以有效减少任何一方的防备之心，降低负面情绪爆发的可能性。这样的对话更加有效和高效，这对人际关系和职场生产力都是有利的。那么，是什么促成了这样的对话呢？健康的对话具有以下特点：

- 双向沟通机制，双方都有机会在安全的环境中充分表达自己的观点、意见、担忧和感受，而不必担心遭到报复或产生其他负面影响；
- 双方都感到被倾听和被理解；
- 沟通透明、直接，没有歪曲或隐瞒信息的情况；
- 对话保持尊重和专业；
- 每个人都保持冷静和沉着。

一次健康的对话并不意味着每个人都能得到他们想要的东西。对谈话结果感到高兴甚至满意并不是健康对话的一部分。例如，假设你的老板要求你承担同事尚未完成的某项工作任务，你会不高兴并希望能够讨论一下。尽管对话可能具备健康对话的所有要素，但最终你可能仍然要去承担这个额外的责任。这是一次健康的对话——只是它没有按照你的想法进行而已。

本书的期待

本书的目标是让你通过健康的对话，在处理和解决冲突时感到舒适、自信、能够胜任。与我之前的书——《胡萝卜加大棒不起作用》一样，这本书提供了切实可行的策略，让你能够有效地处理任何职场冲突。在本书中，你可以学习如何应对导致我们思维系统性扭曲的无意识认知偏差，以及在困难对话中如何应对不同的人格类型。你会挖掘出语言的"雷区"和"金矿"，并学会特定的沟通策略和技巧。当然同样重要的是，你会在本书中读到许多有趣的案例，附录 B 专门展示了现实场景中的对话脚本，以指导你在自己的工作、生活中进行健康的对话。当然，我希望你阅读本书的时候能享受其中的趣味，但我最大的希望是：它能改变你的职业生活和个人生活。

接下来

为了弄清楚如何解决潜在的困难对话，首先要了解是什么场景触发了它们。让我们进入正文。

> **自我反思**
>
> 1. 你的公司里谁能够特别娴熟地处理困难的对话,并善于解决冲突?他说了什么、做了什么让他能够如此有效地处理冲突?
>
> 2. 你如何评价自己处理冲突和成功解决争议问题的意愿和能力?
>
> 3. 你认为你能掌握进行健康对话所需的技能吗?

目 录

致谢
前言

第 1 章　根本原因　　　　　　　　　　　　　　　　／ 001

第 2 章　我认为我能绕过冲突　　　　　　　　　　　／ 005
　　　　"进行对话并没有什么改变"　　　　　　　　／ 006
　　　　"进行对话可能会使事情变得更糟"　　　　　／ 007
　　　　"进行对话可能会让我处于危险之中"　　　　／ 007
　　　　"时间会让事情变得更好"　　　　　　　　　／ 008
　　　　"现在不是好时机"　　　　　　　　　　　　／ 009
　　　　"情况并没有糟糕到必须解决的地步"　　　　／ 010
　　　　"这个讨论会引出我真的不想解决的其他问题"／ 010
　　　　"最终我可能看起来像个坏人"　　　　　　　／ 011
　　　　"我不想给我的朋友找麻烦"　　　　　　　　／ 012
　　　　"我们的工作关系很好，我不想冒险破坏关系"／ 012
　　　　"我不想伤害别人的感情"　　　　　　　　　／ 013
　　　　"我在等待其他人提出来"　　　　　　　　　／ 014
　　　　"我真的不在乎"　　　　　　　　　　　　　／ 014
　　　　"我不知道该说些什么或怎么说"　　　　　　／ 014

第 3 章　回避的代价　　　　　　　　　　　　　　　／ 017
　　　　个体层面的影响　　　　　　　　　　　　　／ 017

／目 录／

　　团队层面的影响　　　　　　　　／020

　　组织层面的影响　　　　　　　　／022

　　组织价值观和文化　　　　　　　／023

第 4 章　**无意识偏见**　　　　　　　　／029

　　隐性偏见　　　　　　　　　　　／029

　　为什么要关注这个内容?　　　　／031

　　证实偏见　　　　　　　　　　　／037

　　信念固着　　　　　　　　　　　／039

　　反应性贬值　　　　　　　　　　／043

　　朴素实在论　　　　　　　　　　／044

　　关系史偏见　　　　　　　　　　／047

　　盲点偏见　　　　　　　　　　　／049

第 5 章　**性格特质**　　　　　　　　　／052

　　被动攻击型　　　　　　　　　　／056

　　侵略型　　　　　　　　　　　　／059

　　傲慢型　　　　　　　　　　　　／061

　　以自我为中心型　　　　　　　　／063

　　多疑型　　　　　　　　　　　　／066

　　悲观主义者　　　　　　　　　　／068

　　思想封闭型　　　　　　　　　　／070

　　易变型　　　　　　　　　　　　／074

第 6 章　**非语言沟通**　　　　　　　　／077

　　面部表情　　　　　　　　　　　／078

　　手势　　　　　　　　　　　　　／083

　　　　肢体语言和姿势　　　　　　　　　／084
　　　　物理距离　　　　　　　　　　　　／087
　　　　声音品质　　　　　　　　　　　　／089
　　　　书面语　　　　　　　　　　　　　／091

第7章　上膛的语言　　　　　　　　　　　／094
　　　　缓和的语言　　　　　　　　　　　／098
　　　　沉默对待　　　　　　　　　　　　／100

第8章　情绪按钮管理　　　　　　　　　　／103
　　　　识别你的个人按钮　　　　　　　　／103
　　　　为什么尊重很重要　　　　　　　　／105
　　　　掌控你的情绪和反应　　　　　　　／109
　　　　冥想：平息心中的喋喋不休　　　　／114
　　　　减轻压力　　　　　　　　　　　　／119

第9章　积极参与的心态　　　　　　　　　／124
　　　　选择协作而非对抗的心态　　　　　／125
　　　　对对话负全责　　　　　　　　　　／126
　　　　找到正确看待问题的角度　　　　　／126
　　　　摒弃"输赢"思维　　　　　　　　／127
　　　　聚焦当下　　　　　　　　　　　　／128
　　　　克服先入为主的倾听习惯　　　　　／129
　　　　保持好奇　　　　　　　　　　　　／130
　　　　对事不对人　　　　　　　　　　　／131
　　　　甩掉自高自大　　　　　　　　　　／131
　　　　去除"我是老大"的心态　　　　　／132

换位思考	/ 133
假设你不了解事情全貌	/ 133
假设你没有最佳答案	/ 134
考虑你可能错了	/ 135
专注于可能的事情	/ 135
分享你的观点	/ 136
寻求进步	/ 136
让大家放轻松	/ 137

第10章 沟通技巧和策略 / 140

着眼于事实	/ 140
关注现状并注意对他人的影响	/ 141
愿意妥协	/ 142
大象？注意大象！	/ 143
切中主题	/ 144
简明扼要	/ 144
极度清晰	/ 146
专注于能够达成共识的部分	/ 147
持续自我监控	/ 147
说你必须说的，不必要的话免谈	/ 149
坦诚相待	/ 149
随机应变	/ 150
提问	/ 151
释义，释义，释义	/ 151
展示自己薄弱的一面	/ 152
不要害怕说"我不知道"	/ 153

	让对方宣泄情绪	/ 154
	感同身受	/ 155
	"我感到困惑和担心"	/ 156
	暂停一下	/ 157

第 11 章	沟通路线图	/ 161
	决定是否参与	/ 161
	准备	/ 164
	谈话过程中	/ 168
	结束对话	/ 173

第 12 章	建立、恢复和维系健康的关系	/ 179
	建立新关系	/ 179
	恢复关系	/ 183
	维系健康的关系	/ 196

第 13 章	写在最后	/ 200

附录

	附录 A　有问有答	/ 205
	附录 B　场景和脚本	/ 221
	附录 C　视频会议的最佳实践	/ 248

关于作者	/ 255

第1章
根本原因

在弄清楚如何更好地处理冲突之前，最好先了解一下导致冲突产生的潜在问题和相关事件。事实上，这样做可以帮助我们从一开始就防止出现问题，从而减少争议性对话的出现。以下列举了发生职场冲突的常见原因，请思考一下：根据你自己的经验，你会如何处理这些情况，是否还有不同的、更好的处理方式？

- 认为工作量分配不平等：由于某些员工没有尽职尽责，他们的任务常常被推到其他团队成员身上；
- 认为薪酬待遇不公平：员工认为自己与其他同事能力水平相当，也从事相同的工作，但是发现自己的薪酬水平较低；
- 落空的期望：发现对方没有履行承诺，例如，被暗示会得到升职或加薪但没有看到后续行动；
- 沟通不畅：模棱两可、不准确、被延迟的沟通或完全缺乏沟通；
- 方向、指令或期望结果不明确、不清晰；
- 目标不一致：例如，一个部门的目标与另一个部门的目标背道而驰，或者部门之间存在着资源竞争；
- 工作职责不明确：不清楚谁具体负责什么；
- 在没有事先征求相关员工意见的情况下，就做出了会严重影响员工工作的决策；
- 某位员工的决定、判断或性格受到质疑；
- 公开批评：同事之间互相制造尴尬局面；
- 推卸责任，互相指责；
- 持续地给予负面或批评性的反馈；
- 八卦：在同事背后说他的坏话；
- 实际工作安排或待遇不公平，存在偏袒：例如，允许某些员工在工作时间的安排上比其他人享有更大的灵活性；
- 缺乏认可：某位员工没有得到应有的信任；
- 绩效不佳：员工被列入绩效改进计划、接受警告批评或被解雇；
- 缺乏问责制：员工不用为低绩效负责。

以上列表虽然不是详尽的清单，但你肯定可以发现造成职场冲突的原因是多么普遍——它们每天都在发生！想

/ 第 1 章 /
根本原因

象一下,有多少时间和精力会浪费在担心和盘算这些问题上。想象一下,你需要拥有什么样的技能和多大的信心去解决这些情况。

小　结

引发心烦意乱的问题各不相同,但都有一个共同点:当人们感到他们在职场的"生存"受到威胁时,相应的问题就会被触发。这些根本原因让员工无法有效地完成工作,让他们在与同事的竞争中处于劣势,或者从某种程度上讲让他们看起来很糟糕。这些因素中的任何一个都可能会限制员工在组织中的感知价值,换言之就是让他们感觉自己不那么重要,且是可被放弃的"资产"。这些因素让人们感到不安全。

接下来

如果人们都能采用直截了当的方式去处理情绪化的对话,就没有必要阅读本书了。那么为什么我们大多数人都不愿意这么做呢?在下一章中,我们将回顾一下人们选择回避困难对话的诸多原因。

> **自我反思**
>
> 1. 参考根本原因列表,找出在职场导致冲突的若干原因。
> 2. 你能想到其他导致人们心烦意乱的职场问题吗?
> 3. 你认为哪些问题最难解决?为什么?
> 4. 当前是否存在某种潜在冲突,让你打算回避解决它?(读完全书,你可以回到这个列表并用你所学到的内容来解决这些情况。)

第2章
我认为我能绕过冲突

在处理冲突的时候，大多数人都会选择绕过冲突。我们之所以选择尽可能地回避冲突，是因为它会带来风险和潜在的伤害。当涉及"战斗或逃跑"的本能时，"逃跑"似乎往往是更好的选择——特别是当最后的结果很可能是"失败"并且会产生严重后果的时候。因此，我们经常会选择把自己的想法和顾虑隐藏起来——也许大家都经历过非常后悔把真实想法说出口的时刻！

我们非常擅长找借口、找理由来解释为什么回避冲突是最明智的行动方案。从心理学的角度来看，找出某个"合理"的理由来解释为什么我们不应该进行有可能导致冲突的对话对我们来说是很"方便"的，因为它可以减少认知失调。（认知失调是心理学家费斯汀格[一]提出的一

[一] 费斯汀格，（Leon Festinger，1919—1989），美国社会心理学家。其最著名的贡献是在1957年提出的"认知失调理论"。——译者注

种理论。该理论认为,我们寻求让自己的认知——思想、观点、信念——和行为保持一致。)本能地,我们会发现精神上的不和谐会令人不安,并渴望把我们的信念和行动统一起来。当然,回避冲突会带来的各种各样的问题,下一章会详细介绍这一点。现在,让我们看看,当我们想逃避解决可能引起冲突的问题时,我们会找哪些理由来说服自己。阅读这部分的时候,请记下你自己惯常使用的借口,并且思考一下:如果不进行此类对话会产生什么影响?

"进行对话并没有什么改变"

你是否觉得自己曾经一遍又一遍地进行某种相同的对话?每次对话是否只是导致结果产生短暂的变化或是根本没有变化?我有过这种经历。这种经历非常令人沮丧,以至于在某些时候你会和自己说,有时也会向其他人说,重提同一个话题毫无意义。虽然放弃重温旧题似乎是唯一明智的选择,但它会让你感到更加沮丧,感受到一种无力感。如果同样的对话没有产生预期的结果,也许你应该进行不同的对话——健康的对话。

/ 第 2 章 /
我认为我能绕过冲突

"进行对话可能会使事情变得更糟"

通常情况下,我们会对某种对话场景心怀恐惧,这种恐惧超越了对什么也不能改变的失望——我们往往更担心提起这个问题就会引发更大、更可怕的问题。进行对话的潜在好处被潜在的危险和不利因素所掩盖。例如,经理可能会不愿意纠正表现不佳的员工的行为,因为经理担心员工可能会因此而辞职,这会导致其他人(包括经理本人)的工作和压力增加。另一方面,经理的这种"绥靖政策"——不敢责成员工完成其应该履行的工作职责,结果往往变成一种不公平的惩罚绩效好的员工的方式:经理可能让好员工加班加点来完成工作。一旦这样做,好员工最终可能会产生负面情绪并不再尊敬经理。(如果经理害怕纠正直接下属的绩效问题,那么他可能不应该成为经理。)

"进行对话可能会让我处于危险之中"

有些人是有报复心理的。当然,报复行为确实是一个值得担心的问题。当某人感觉到自己被当众训斥或感到尴尬时,他会感觉受到攻击并会通过进攻来进行回应。例如,他会在整个工作场所散布谣言、破坏其他团队成员的工作或故意提供误导性信息。当然，最危险的情况可能是你要去和你的直属上级讨论一下你认为他在工作中存在的问题；或者更危险的是，向你直属上级的老板去汇报你对上级行为的担忧。需要明确的是，这些问题和你的担忧也许是有凭有据的；然而，你应该认识到，这种担忧是在为回避直接的对话做合理化的解释。

"时间会让事情变得更好"

实际上，时间不会让事情变得更好，反而可能会让事情变得更糟。与治疗粉刺不同，人际关系问题很少能够自行解决。例如，有两个团队成员陷入争吵而终止了对话与合作。如果时间真的能够让问题消散，那么他们的关系就会自行改善。但通常情况下，这种情况是不会发生的。人们通常不会忘记自己被冒犯或不被尊重的那个时刻。然而，有时一方或双方会假装什么都不曾发生过，这样的做法是更不健康的，反而会导致局面的恶化和裂痕的加深。我敢打赌，你会记得多年前发生的某次冲突，那次冲突从来没有被解决过，为此它至今仍然让你感到焦虑。也许你现在就想起了某个冲突。雪上加霜的是，你至今仍然因为自己当

第 2 章
我认为我能绕过冲突

时没有大胆表达而耿耿于怀。及时对他人说出你的担忧、不安,不仅有助于解决问题,还可以增加你进行健康、有效对话的可能性,而且也不至于会在你的胸中累积数周、数月甚至数年的怨恨。

"现在不是好时机"

有时我们能够认识到解决问题是必要的,但会告诉自己现在不是一个好时机,拖延一下是合理的。(顺便说一句,生活中我们会用类似的借口来拖延各种决定和行为,例如写书。)因为有太多的事情需要我们关注,所以这种对话是可以推迟的,特别是如果它意味着可能会打乱原有的计划并导致我们花费额外的时间和精力,从重点工作中游离出来。有时我们还会出于某种同理心来告诉自己,现在的时机对对方不利。例如,如果发现一个团队成员明显感到不知所措,你可能就会想不要再给他更多的压力了。具有讽刺意味的是,他可能也在回避对话,如果这时你能够先开启对话,对他来说反而会是一种释然。及时进行直截了当的讨论有助于确保问题不被掩盖,不会产生持续的对立。等待、拖延的时间越长,解决问题的可能性就越小,彼此就越会感到尴尬。

"情况并没有糟糕到必须解决的地步"

那么是否应该等到问题变得更糟再去处理呢？世界各地的管理者都会以此为借口，试图回避与员工讨论有关绩效的问题。例如，对于偶尔会迟到的团队成员，上级一般都选择暂时不予理会。类似地，员工也会以此为借口避免和同事一起解决某些问题。例如，你可能有一个非常外向且善于交际的团队成员。他经常在你的办公桌前停下来聊天。这确实很烦人。但你不想伤害他的感情，所以你尽量让谈话简短一些。不幸的是，随着时间的推移，他似乎越来越频繁地光顾你这里。这到底什么时候能结束呢？因此，在问题行为刚刚出现的时候就解决它、消除它，比等它升级之后再去解决要容易得多。现在处理小问题总好过于日后处理大问题！

"这个讨论会引出我真的不想解决的其他问题"

事实上，确实有这个可能性。（你发现这种合理化的逻辑是含有讽刺意味的，对吗？）通常，紧张的对话确实会触发对方把一直克制着没说的问题全都抛出来。有时候，当对话变得过于激烈的时候，人们就会试图转移话题以减少对自己的威胁。如果在讨论中冒出来其他问题，就要承认并承诺解决这些问题，但是要记住：仍要专注于当前讨论的问题上。

"最终我可能看起来像个坏人"

对于大多数人来说，感到被别人喜欢真的很重要。通常我们会认为，如果一直盯着某些问题不放，就会让人对我们形成某些负面的印象——嫉妒、小气或爱发牢骚。假设你在一家工厂的车间里工作，这里的工作任务会在团队成员之间进行轮换，但是你发现你似乎总是被安排去做那些大家都不想干的工作。或者团队中有些人在社交媒体上花费的时间比他们工作的时间还多。虽然你非常希望与自己的经理谈论此类情况，但你可能会选择避免这样做，以免让自己看起来像个爱抱怨或爱说闲话的人。最终你会一直忍着不说，在心里积压着对同事的怨恨。如果使用本书中的技巧来处理此类情况，就会让你看起来像是一个负责任的团队成员并且不会引起任何怨恨。

"我不想给我的朋友找麻烦"

有时候，当知道自己的同事兼好友做了错误或不恰当的事情，特别是他们希望我们不要谈论此事的时候，我们会觉得处境很尴尬。假如一位同事在其工作时间表上作假，或者声称已经检查过自己的工作了，但你知道他并没有检查，再或者实际上是他犯了错误，他却责怪其他团队成员。在这种情况下，你可能知道应该说些什么，但情感却告诉你不要这样做。你最好祈祷你的朋友不会真的搞砸，你的经理也不会发现你其实一直都知道这个问题。实际上，与大多数事情一样，诚实是最好的策略；即使短期内并非如此，但从长远来看，诚实一定是最好的策略。

"我们的工作关系很好，我不想冒险破坏关系"

我经常劝自己，要以同事之间的关系为重，避免和同事进行可能导致冲突的直接对话。我心想："如果我抛出这个问题，真的会引起摩擦。"想象一下，身边某位同事做了一些让你恼火的事情，而且他这样做已经很长时间了。例如，他参加视频会议总是迟到，或者在打电话时大声说话。

这些行为大多是个人特质方面的,并且会持续很久。或者,他上班时总在使用社交媒体,反而抱怨工作太多。如果你不去解决这些问题,它们就会不断地涌现出来。最终,你可能忍无可忍,就会以破坏关系的方式,把你的情绪发泄到这位同事身上,尽管这正是你一开始试图回避的做法。正如我的朋友兼客户沙龙·诺布尔所说,"如果你不用嘴说出来,你就会用行动表现出来。"

"我不想伤害别人的感情"

很多人可能都有过与以下人员共事的经历:对方穿着不专业、喷太多古龙水或香水、说话嗓门很大,或者对他的工作自我感觉良好,但坦率地说,其实并不是那么回事,而你并不想戳穿对方。我们真的很不想涉及这类有关个人情况的尴尬对话。有一次,一位客户让我告诉某位员工,他和客户说话的时候站得太近了。起初,该员工听了之后非常尴尬。然后他就有点郁闷,因为他在这家公司工作四年了,从来没有人向他提过这个问题。在这种情况下,我总是会站在对方的角度来反问自己:"如果换作是我,我希望知道这一点吗?"问题的答案几乎都是"是的"。我坚信,出于关爱的目的,并且以某种恰当的方式来表达,你可以大胆地告诉任何人任何事情。

"我在等待其他人提出来"

这是个馊主意。很多时候,我没有主动发起对话,因为我觉得对方有错,对方有责任向我道歉,应该由对方发起对话。但是对方可能完全没有意识到存在某些问题需要讨论。另一方面,对方可能在等你发起对话。如果你们从来没有进行讨论,那么问题就永远不会得到解决。因此,停止等待并开启对话吧。

"我真的不在乎"

其实你肯定是在乎的,否则你就不会对自己说这样的话。之所以告诉自己我不在乎,是因为害怕不能如己所愿地解决问题。例如,对方不会道歉或事情会变得更糟。告诉自己你不在乎、回避谈话其实并不能消除你心里的芥蒂。另外,不要说"我是这里面更大度的人"或者觉得自己可以扮演"牺牲者"的角色。事实上,你会因为缺乏勇气说出来而埋怨自己;别人也会因为你不愿意挺身而出而不尊重你。

"我不知道该说些什么或怎么说"

这就是我写作本书的目的。在整个职业生涯中,当我

| 第2章 /
我认为我能绕过冲突

为客户提供指导时，我发现人们没有进行关键性对话的最常见原因是：他们不知道怎么进行这种对话。"我该从哪里开始呢？"我意识到人们之所以缺乏信心，通常是因为缺乏能力。进行困难的对话并不需要勇气，需要的是技巧。幸运的是，如果你读完本书，你就会具备这些技能，并且确切地知道该说些什么以及怎么说。

是呀！我们当然可以有很多种和自己内心的对话，来找到理由避免与他人进行对话！**但是你需要问问自己，你是更致力于避免冲突还是更致力于建立健康的关系？**虽然从短期来看，回避之路似乎更容易一些，但我们在这条道路上停留的时间越长，地形就越崎岖，想有效地解决问题就会越困难。在某些情况下，一旦你选择逃避就没有回头路。所以，希望你能了解：当你选择不去解决冲突的时候，该选择可能会对你、对其他人和/或你的团队产生不利影响。

小　结

我们可以找到很多理由来逃避解决冲突，当然其中一些理由貌似是非常合理的。但是，无论我们的推理多么合理，其结果都是一样的：我们选择不解决问题，结果导致心里非常郁闷，导致人际关系进一步恶化。与其说服自己放弃对话会比较安全，不如说服自己与对方坐下来好好谈一谈。

接下来

选择避免解决关键问题可能听起来是个好主意，但它会带来严重的后果。在下一章中，我们将讨论回避冲突对自己和他人的不利影响。

自我反思

1. 回顾一下合理化清单，并在你过去使用过的那些条目旁边打钩。你选出了几个？你最常使用哪些借口？

2. 除了上文列出的原因之外，你还有没有用过其他理由来让自己逃避对话？

3. 回顾一下你在上一章中发现的问题。当时为了能推迟谈话，你给自己找了什么理由？你现在更多的是把它们视为借口还是客观原因呢？

第 3 章
回避的代价

回避冲突所产生的后果，通常比要回避的问题更成问题。当然，在某些情况下，对某些问题置之不理在表面上是说得通的。例如，你可以忽略同事之间的小冲突，或者团队中某位成员一些偶尔的、不合时宜的行为，因为你知道近期他的压力很大。尽管可以搁置这些小问题，但是大多数情况下，不解决问题会导致不和的加剧、积怨的加深，也经常会影响组织中的其他人。在本章中，我们将讨论为什么回避某个问题会让我们陷入更多冲突的困境。在阅读本章的时候，请反思一下自己的经历以及你和他人为此付出的代价。

个体层面的影响

一般来说，尽量回避和某人交谈会让我们感到筋疲力尽。想想在你的生活中，你害怕的那个人从走廊里走过时的场景；或者在杂货店的过道里，你扭过头去希望曾经的朋友没有看到你的场景。我们花费了大量的心智和情感的能量来回避那些和自己有争执的人。在工作中，人际冲突会让人感到痛苦、愤怒、悲伤和沮丧，这些情绪会逐渐蔓延并影响我们的个人生活。不去解决这些问题的时间越久，我们的负面情绪就会越强烈、越深刻。事实上，这可能会导致心理和生理上的健康问题。你的身体是否有过这样的反应：当你有意回避一个令你忍无可忍的对话之后，你会觉得如鲠在喉？我发现，当我选择主动去开启曾经回避的对话时，无论结果如何，我总是感觉更好。从某种程度上说，当我选择回避时，我感觉自己是个懦夫；而当我能够说出来的时候，我会感动于自己的勇敢和强大。因此，说出你必须说的话是一种释然。接下来，让我们看一些例子。

  从我的经验来看，人们宁愿选择忍受工作中的痛苦，也不愿主动讨论他们内心的担忧，尤其当话题涉及他们的领导时更是如此。这样的情况是可悲的。我的一位好友克里希南，曾在一家会计师事务所工作。他是一位才华横溢、值得信赖且敬业的团队成员。他在团队里工作的时间很久了，他的经理布雷迪越来越依赖他。因此，经理就委派越来越多的工作给克里希南。虽然克里希南是一位享受工作

/ 第 3 章 /
回避的代价

的优秀员工,但越来越多的工作让他变得不知所措和沮丧。他的额外努力和积极成果并没有换来晋升或加薪,因此他开始产生自己被利用的感觉。事实上,真正的问题是布雷迪很少承认或赞扬克里希南的成就,反而将克里希南的功劳据为己有。在近一年的时间里,克里希南变得越来越愤怒和怨恨。有一天,布雷迪布置了一项远远超出克里希南核心工作职责范围的任务。这成为压垮克里希南的最后一根稻草。令布雷迪惊讶的是,克里希南清理了他的办公桌,放下员工卡和笔记本电脑,然后离开了办公室。

在此期间,我曾经鼓励克里希南直截了当地找他的经理讨论这个问题。也许布雷迪根本没注意到他给予克里希南的不公平待遇。他可能属于人际关系不敏感的人,而并非故意利用克里希南。毕竟,克里希南一直都是遇事挺身而出、从不抱怨的,布雷迪又何必担心呢?当时克里希南只是看着我,然后摇摇头说,和他的经理讨论或不讨论并没什么区别。我告诉他,也许没有区别,但有一件事是确定的——如果他不去开启这次对话,情况就一定不会好转。如果克里希南已经打算辞职,那么直截了当地谈一谈能有什么不利的后果呢?不管结果如何,我确信如果克里希南敢于挺身而出,讲出自己想说的话,他会感觉更好。

接下来的案例是一件发生在同事之间的冲突。艾莎和泰勒同在一家大型制造公司的财务部门工作。泰勒常常带领团队在附近的一家小啤酒馆庆祝周五的欢乐时光。然而，他从未邀请艾莎加入。艾莎感到被排斥、受伤害，并且很困惑为什么自己没有被邀请。是她做了什么事情冒犯了泰勒，还是团队中有其他人不希望邀请她？几周后，艾莎决定直接找泰勒谈一谈。泰勒听后既惊讶又尴尬。他解释说，他记得在去年的节日聚会上艾莎说她不喝酒，所以他认为如果邀请她去参加啤酒馆的活动可能会很尴尬。泰勒觉得很不好意思，真诚地向艾莎道歉，并且说，如果艾莎能加入他们的活动，那就太好了。艾莎对泰勒的道歉和诚挚的邀请感到欣慰和感激。

泰勒原本是试图体谅艾莎，但实际上却让她感到困惑和不安。想象一下，如果艾莎不主动开启对话，她会一直觉得自己受到了伤害并由此产生怨恨。反过来，也要认识到，如果泰勒及早询问艾莎是否愿意加入团队活动（这也许是他担心的尴尬对话），那么艾莎的不安是完全可以避免的。

团队层面的影响

两个同事发生冲突，就可能会对整个团队产生不利的

第 3 章
回避的代价

影响。当这种冲突公开化时尤为如此,因为通常两个人会互相指责。这个时候,团队成员可能会被强迫选择站队,甚至会被直接提问,"你是站在我这一边的吗?"看到自己的同事不能成熟、职业地处理他们之间的分歧,团队的其他成员也会觉得很沮丧。原本是两个人之间的冲突,通常会引发整个团队产生负面的情绪和摩擦。结果,沟通和协作中断了,甚至有时永远无法完全恢复。

接下来,请思考一下以下的案例。

有一次,我被安排与业务发展负责人卡洛斯和高级销售人员索菲亚一起工作。他们俩已经几个月没有说话了。他们同在一家全球性公司的驻外办事处工作,这家办事处共有九名员工。索菲亚和卡洛斯认为本应该属于业务发展部门的现有客户达成了一笔交易。(他因为没有参与其中而感到闷闷不乐。)无论是有意的还是无意的,索菲亚始终都没有让卡洛斯了解这笔交易。在索菲亚与客户会面时,卡洛斯一无所知,这让他觉得非常尴尬和窘迫。因此卡洛斯很生气。他和索菲亚进行了一次非常不愉快的谈话,导致双方完全拒绝进一步沟通或合作。(只有在绝对必要的时候他们才会互相发送简短的电子邮件,或者索性让同事充当中间人来沟通。)

办公室里的气氛实在是太紧张了,冲突一触即发。上级经理对此束手无策,除了要求他们两人设法相处之外,几乎什么也没做。我和办事处团队成员交谈过,发现他们感到非常愤怒并且对这种情况感到厌烦,尤其是当他们觉得自己被置于两人中间的时候。显而易见,卡洛斯和索菲亚的不和对办公室士气产生了毁灭性的影响——减少了人员之间的沟通和协作,并导致团队会议的气氛非常尴尬。而作为当局者,索菲亚和卡洛斯几乎都没有意识到他们之间的冲突对其他同事造成了怎样的负面影响。幸运的是,在讨论过这个问题之后,他们接受了我的建议,并逐渐重启了彼此之间的合作。我们花了一天半的时间组织了面对面的会议,并进行了后续的电话辅导。投入这些时间是值得的。他们随后保持了专业、尊重和协作的工作关系。

组织层面的影响

团队成员之间健康的人际关系,是组织保持高水平运作、满足客户需求的基石。同事之间的冲突则会降低效率、生产力和工作质量。**没有出色的内部客户服务为基础,就不可能拥有优秀的外部客户服务。**

接下来,通过以下案例来了解一下冲突是如何对客户

/ 第 3 章 /
回避的代价

和组织产生不利影响的。

生产经理凯特琳和销售经理萨米尔一起良好地合作了大约三年。然而，在过去的九个月里，他们的关系变得越来越紧张。在极具挑战性的外部环境里，萨米尔面临着巨大的销售业绩指标压力。所以，在有些情况下，萨米尔向客户做出了某种承诺。但是，凯特琳的团队却根本无法合理满足这些承诺。凯特琳多次通知萨米尔说，有关生产和运输计划的事情需要事先向她咨询。她告诉我，她一次又一次地退化，自己调整来适应萨米尔的要求，包括打乱她自己的预算来支付员工加班费。

一天，一位重要客户收到的货物比预期少了30%。这位客户原计划用这些零件来完成自己客户的一个订单，他愤怒地给萨米尔打电话。实际上，凯特琳很清楚这部分货物的情况，但她故意向萨米尔隐瞒情况。她觉得有必要给萨米尔上一课，这是让对方尊重她和她的诉求的唯一办法。但唯一的意外是，凯特琳和萨米尔之间的关系持续恶化，客户也把他的订单转移到别的公司了。

组织价值观和文化

当论及健康的关系和对话的时候，有一个重要的话题似乎很少引起大家的关注,即组织核心价值观和文化的作用。

企业价值观旨在推动构成企业文化的行为和态度,这些行为和态度随着时间的推移反过来会强化企业价值观。例如,如果一家公司希望促进协作文化,那么团队合作就可能是一个核心价值观。如果你想要一种"团队成员以直接和尊重的方式来处理冲突"的文化,那么就需要让大家对此类行为负责的核心价值观。但很不幸的是,理论上很简单的事情在实践中往往行不通。实际上,组织的文化可能与其核心价值观相去甚远,甚至背道而驰。

之所以核心价值观没有对组织文化产生深远的影响,主要有三个原因。

首先,价值观往往没有得到很好的定义。例如,一家公司把"尊敬"确定为核心价值观,那么其价值观可能会被描述为"尊敬我们的团队成员和客户"。这听起来不错,但实际上却非常含糊。人们很难把握含糊不清的描述。核心价值观应该有与之匹配的明确行为。我们继续以尊敬为例。花点时间统计一下能够在职场中展示这种价值观的相关行为。看看你是怎么做的?你是不是写下了以下任何一项的行为?

/ 第 3 章 /
回避的代价

- 总是准时参加会议并提前做好充分准备;
- 鼓励会议中发言最少的人来分享看法;
- 快速回复消息;
- 以支持性和建设性的方式提供明确的反馈;
- 当你需要他人支持时,尽可能提前通知对方。

许多人发现这项练习非常具有挑战性。多年来,我总结了一个列表,其中罗列出一百多种与培养相互尊敬和协作的工作环境相关的行为。(如果你有兴趣拿到这个列表,请给我发电子邮件:Paul@ PaulMarciano.com)

其次,核心价值观对企业文化没有发挥太大影响的第二个原因是:它仅仅出现在员工手册、公司网站和一些海报上。除此之外,几乎没有被引用或强化过。实际上,核心价值观应该是随处可见的。每家公司的内部沟通部门和市场营销部门都应该有一个推广其核心价值观的战略。每当我第一次走进客户办公室的时候,我都会立即搜索他们的价值观发布的位置。理想情况下,它们应该是被显眼地展示在公司的前台接待区。如果我走进你的公司,我需要多久才能发现贵司的价值观呢?我并非让你难堪,但是你是否能意识到这点呢?可悲的是,大多数公司的大多数员工都没有认识到这一点。

最后，即使员工都知道和理解核心价值观，但是能真正履行这些价值观对应职责的组织并不多见。胡贝尔（Huber）公司做到了，该公司成立于1883年，有"四项原则"被视为其公司的基石：尊敬他人，职业道德，追求卓越，环境健康、安全和可持续性。这些价值观被纳入到员工的绩效评估之中——所有组织都应该如此。所有领导者都应成为榜样，并为此承担相应的责任。如果你不遵循胡贝尔公司的原则，那么你就不要在这里工作。因此，如果你希望你的公司能像胡贝尔公司一样跨越三个世纪，请重视公司的价值观和原则，并让员工承担相应责任去践行价值观。

西恩和麦迪逊都是某公司的部门经理。该公司把"协作"和"尊重"标榜为核心价值观。公司把价值观放在官网上。但是，非常不幸的是，西恩和麦迪逊显然已经几个月没有登录过官网了，因为他们的行为早就与这些价值观背道而驰。他们不断地互相说坏话、互相指责、表现出被动攻击的行为，例如，不回复电子邮件、公开争吵、批评对方的工作和建议，甚至攻击对方的人格特质。他们是典型的负面榜样：彼此贬低、践踏公司价值观。

在和他们两人的老板尼娅交谈时，我问她为什么允许

/ 第 3 章 /
回避的代价

这种行为继续下去。她回答说:"我和他们谈过几次了。他们的关系似乎好转了一段时间。他们都是高效的管理者。说老实话,我真的不想失去他们中的任何一个。"我回答说:"但是你能接受伤害公司价值观带来的损失么?"一般而言,管理者通常会容忍员工的不良行为。因为在他们看来,这是一个非此即彼的命题:他们要么允许员工按照自己的方式行事,要么承担失去他们的风险。其实这是一个错误的假设。这个假设就是把这种不作为合理化而已。因此,我真诚地希望本书能够帮助管理者去解决员工损害公司价值观的情况。请记住:核心价值观是绝对不能妥协的。

小　结

如你所见,两个人之间的冲突会对其他团队成员、客户乃至组织产生广泛的影响。我认为回避困难的对话是自私和不负责任的行为。因为这样做员工就不能实现公司的使命。同样,不与团队成员沟通、协作也是不可取的,这会降低大家的工作效率。做正确的事并致力于进行健康的对话、恢复彼此的尊敬,这不仅会让你感到充满活力并缓解你生活中的压力,还会给你的团队成员和整个公司带来积极的影响。

接下来

很多人都知道我们存在着偏见。这些偏见会影响我们看待他人和这个世界的方式。但不幸的是,大多数人并不知道无意识偏见在多大程度上影响着我们的人际关系。下一章会让大家大开眼界。请不要有抵触情绪或者假装自己没有偏见。相反,请努力了解一下自己的偏见的影响,并想办法克服它们。

> **自我反思**
>
> 1. 思考一下你当下正在回避或者曾经回避的对话,以及这样做对你、其他人、你的团队、你的客户和整个组织产生的负面影响。根据你的反思,你是否仍然认为忽略问题、对同事怀恨在心是符合大家需要的最优之举呢?或者你认为这可能是自私和不职业的行为吗?如果是你自己的公司,你是否能够接受两名员工拒绝一起工作呢?
>
> 2. 把员工的行为与核心价值观明确联系起来之后,你如何评价你所在的公司?如果答案是"不太好",那么首先应该组建一个跨部门的团队来明确一下与每一条价值观相匹配的行为。然后想想团队成员应该如何说、如何做来强化价值观。

第 4 章
无意识偏见

认知偏见是一种心理过滤器，会显著影响我们对周围世界的感知、理解，也会影响我们的思想、感觉和行动。人类已经发现了上百种偏见，而且平时我们基本上没有意识到这些偏见的存在。本章的目的是找出阻碍进行健康对话的偏见。当你阅读时，想想每种偏见是如何影响我们看待他人和世界的方式的。

隐性偏见

隐性偏见通常被称为刻板印象。当我们把某些特质、特征归因于某一类群体的时候，就会形成刻板印象。例如，"美国人都是大嗓门""法国人很粗鲁""德国人没有幽默感"。从进化的角度来看，刻板印象会影响种族的生存。因为它让我们能够快速地确定其他人在多大程度上"像我们"或"像我们部落的成员"。毕竟相似性往往意味着安全，而差异性往往与潜在的威胁相关联。

我们会根据不同人的各种特征来给他们贴标签,其中最显著的就是根据性别、种族、民族、宗教信仰、年龄、性取向、社会经济地位等给人贴标签。刻板印象来自于和他人打交道过程中形成的直接、间接的经验。虽然大家可能不想承认这一点,但实际上我们在先天和后天两方面都存在着偏见和歧视的倾向。不想承认这种倾向恰恰证明了我们的一种偏见——总想自己和他人眼中都是好的(没有灰暗面)。诚然,本书的目标之一就是要发现自己的无意识偏见,并检测一下它们如何影响我们的想法和行为,特别是无意识偏见是否会导致某些歧视性做法。在接下来的练习里,请用脑海中立即浮现出来的形容词来完成以下句子:

- 政治家都是……
- 素食者都是……
- 急救人员都是……
- 二手车销售人员都是……
- 喜欢身上打孔的人都是……
- 图书馆管理员都是……
- 医生都是……
- 瑜伽教练都是……

/ 第 4 章 /
无意识偏见

你发现了吗？即便你从来没有见过某个群体的成员，你也能很快、很容易地完成这项练习，描述出这群人的共同物质。你本人可能并不认识政治家、素食者或瑜伽教练，但这并不妨碍你给"这类人"贴一个清晰的标签。所以这就会成为一个问题，尤其是当我们的思想开始用消极、批判性的方式来评判他人的时候。我能想象出来，面对一个素食的身上穿孔的二手车推销员时，你会怎么想！

即便对他人一无所知，我们也总能在瞬间评判对方。想象一下，当你在等红灯的时候，旁边停下来一辆车。你顺便瞥了一下对方，可能会看到对方汽车的品牌、司机，以及司机的着装、年龄、吸引力、文身和行为（司机在吸烟、发短信、大声唱歌、对着后座的孩子尖叫）。根据汽车的外观和司机的样貌以及所看到的他做事情，你就会对此人的性格、财富、地位以及背景做出快速的判断。显然，如果这个时候有一只金毛猎犬的头伸出车窗外，你可能就会觉得司机是个好人！说到这里，顺便说一句。如果情况正好反过来，别人一直在给你贴标签，你会有什么感受呢？

为什么要关注这个内容？

在最基本的层面上，刻板印象会引发职场歧视、贬低乃至排挤等行为。它还可能会导致不公平的职场潜规则，甚至其中一些是非法的。刻板印象会令你对他人的智力、技能、价值观和职业道德产生各种假设。虽然刻板印象可能适用于某个群体中的某些成员，但很少会适用于所有成员，而且它通常会被夸大。这些特征标签通常会带有贬义，让人们感到自卑、被边缘化和压抑。当然，在此需要指出的是，并非所有的刻板印象都是消极的、批判的。事实上，有时它们会是兼具积极和消极属性的混合体。例如，从常春藤盟校获得博士学位的人可能同时被描述为绝顶聪明和不食人间烟火的精英势利者。

刻板印象常常导致人们感觉被歧视，从而引发冲突，使对话更加困难。当你感到没有受到尊重时，就会觉得自己的意见对对方不重要，或者会觉得自己在团队中没有价值。别人都会透过一个滤镜——"你们这类人"，来看待你的评论、想法和行动。

接下来一起看几个例子。

想象一下，一位女性在男性主导的建筑行业工作。男同事可能就因为她是女性，而否定她的观点。显然，她会感觉受到歧视。当然，我希望她能勇于站出来发表观点，尽管这可能会激怒一些人、引起冲突。再看一个案例。一

/ 第 4 章 /
无意识偏见

名年轻员工的建议可能很快就被拒绝,仅因为他年轻且缺乏经验,甚至可能一开始就没有人征询他的意见。再有,一位资深员工被贴上沉溺于过去、抵触变革的标签。她可能会因此而被排除在任何有关创新和战略的讨论之外,这就会让她觉得自己无足轻重、没有受到尊重。最后一个案例。一位经理可能会非常不喜欢和一名90后员工打交道,原因就是因为他觉得90后这一代的员工都是懒惰、敏感和以自我为中心的。回想一下,你是不是也有过这种给别人贴标签或自己被贴标签的经历呢?

别人对我们的刻板印象会导致我们把相关的偏见内化下来,然后影响我们看待自己和自己的能力的方式。一旦相信"像我们这样的人"不应该擅长某一特定技能时,我们就会在该领域表现不佳。贝蒂娜·卡萨德和威廉·布莱恩特在他们的评论文章《应对刻板印象威胁对组织心理的多样性和包容性至关重要》⊖中引用了大量研究结果,证明了刻板印象对工作的破坏性影响。这些影响包括以下诸多方面:

⊖ B. J. Casad and W. J. Bryant, "Addressing Stereotype Threat Is Critical to Diversity and Inclusion in Organizational Psychology," *Frontiers in Psychology*, 7, no. 8 (2016), 1–18.

1. 相比之下，少数群体更可能将建设性反馈视为负面意见。这就会导致他们产生防备心理，从而不愿意接受那些能够帮助他们更有效、更成功的建议。

2. 当个体觉得其所在的少数群体或受歧视的群体经常与糟糕的绩效表现相联系的时候，他们就会表现出对工作没有热情、没有投入度、不关注工作。

3. 当个体觉得其所在的某一特定群体限制了其职业选择时，他们就会减少努力。如果年龄、种族或性别已经决定了我是否能够成功，那我为什么还要努力呢？例如，在一个组织中如果主要都是由男性担任领导角色，这就给女性传递了这样的信息：她们不具备在领导者的岗位上施展才华所必需的才智。

在《决断2秒间》一书中，作者马尔科姆·格拉德威尔描述了一位白人面试一位黑人的场景：

十有八九，你不会意识到自己的行为与面试白人时有什么不同。但你可能会稍微向前倾一点、稍微远离他或她、稍微拘谨一点、少一点表情、少一点眼神交流、站得远一点、少一点微笑、多一点犹豫和结巴、少讲了一点笑话。这有什么问题吗？当然，是有问题的……［黑人应聘者］

/ 第 4 章 /
无意识偏见

会意识到这种不确定性和距离感，这可能会让他少一点自在、少一点信心、少一点友善。那你会怎么想呢？你可能会产生一种直觉，认为应聘者并不真正具备所需的条件，或者他有点冷漠，或者他并不是真正想要这份工作。㊀

工作中，我们还会根据不同员工的工作职能贴标签。这会对不同部门的员工如何看待彼此产生深远的影响。例如，"从事会计工作的人只会计算数字，并不了解企业的实际运作情况"；"高层管理人员不关心小时工的情况"；"工程师认为他们比其他人都聪明"；"销售人员只关心他们自己的事情"；"人力资源部门唯一的好处就是会导致更多的文书工作"！

这些标签会在部门之间建立壁垒，减少跨部门的沟通和协作。部门之间逐渐形成对立态度，会不断听到"你不理解或不欣赏我们所做的事情"这样的话语。一旦不同部门的员工相互嫉妒和不信任，就会导致跨部门的项目被拖延、做决策时得到的信息较少或带有偏见、团队之间争夺资源、头脑风暴常常变成相互指责。总而言之，壁垒会对生产力、效

㊀ M. Gladwell, *Blink*: *The Power of Thinking Without Thinking*, Little, Brown and Company, 2005, 85 – 86.

率、质量、人际关系以及个人和团队士气产生负面影响。

除了是正确的做法之外，较丰富的职场多样性会产生良好的商业价值，并且能够带来利润的增长、流动率的降低、员工参与度的提高，带来更大胆的创新、更好的决策以及在员工招聘领域的竞争优势。毫无疑问，拥有强大的多元性和包容性的文化会对员工和组织的活力有所影响。

> **自我反思**
>
> 读到这里，希望你已经敏锐地发现人类天生具有形成刻板印象、喜欢判断他人的倾向，而这无疑会产生负面影响。接下来，请花点时间考虑一下刻板印象对你和其他人的影响。
>
> 1. 你是否曾经对某人做出过最初的判断，后来意识到你完全错误地描述了对方？未来你如何防止这样做？
>
> 2. 找到你对一群人的某个刻板印象。罗列一下你对这些人都做了哪些描述和假设（例如，他们的职业道德、智力水平、判断能力、思想开放度等）。
>
> 3. 列出你公司的三个部门。他们通常会被贴上什么标签？客观地评价一下这些描述是否准确？
>
> 4. 其他人如何描述你所在的部门？（询问一下其他部门的同事对这个问题的回答，可能会很有趣。）你能做些什么来改变他人对你所在部门的看法？

/ 第 4 章 /
无意识偏见

证实偏见

证实偏见是指我们倾向于寻求有力的信息来强化现有的信念,同时避开或拒绝那些与我们观点相反的信息。一旦认准了某个立场,我们将继续通过筛选所关注的内容,以及解读相关的数据来强化这种立场。例如,我们会花更多的时间关注那些观点与自己一致的政客,而忽视那些观点相左的政客。当遇到来自反对党的新闻和言论时,我们往往会将其视为虚假宣传。

在我们和同事、客户、供应商打交道的时候,就会表现出证实偏见。它反映在我们每天所做出的决定、采取的立场上。例如,假如你有一位叫多兰的同事,你觉得他不称职。因此,你就会持续关注能够强化这种想法的事情。比如,他没有按时完成每周的工作报告,忽略了某个重要的电子邮件,或者参加员工大会时迟到并做了一个马马虎虎的演讲。因为你觉得多兰是一个典型的懒汉、低绩效员工,所以你会认为假如他的某次表现特别好或者即便是在可以接受的水平,你肯定是可以注意到的。但不幸的是,我们的大脑并不是这样工作的。大脑让我们更关注周围比较差的事情。关于这一点,请相信我:下次多兰把球传丢的时候，你肯定能注意到；但当他把球射进球门的时候，你不会注意到。你越是关注那些不良行为，就越会觉得收获颇丰。此外，你会始终透过批判的有色眼镜来和多兰打交道。请记住这条普遍规则：**无论是对你的同事、配偶、孩子还是宠物，如果你仅仅关注你不希望出现的行为，那你永远不会得到你想要的行为。**这就是证实偏见导致的。

再举一个工作中出现证实偏见的例子。假设你是某个跨部门团队的成员，负责向首席执行官提供"是否制定灵活居家办公政策"的建议。就个人而言，你是一位单亲家长，上班通勤时间长且压力大。所以你强烈地认为这样的政策必将提高员工士气和工作效率。许多公司已经成功引入该办公模式，并且贵司员工可以随时访问所有必要的远程技术。有了这样的偏见心态，你就会去寻找和自己观点一致的数据、案例，就像律师在准备他的案件时所做的那样。相比之下，显然还有其他人会根据自己的想法强烈反对这一决定。谁是"对的"取决于你透过什么样的有色眼镜来看待这个情况；本质上讲，没有哪种观点是绝对"错误"或"正确"的。

> **自我反思**
>
> 1. 思考一个你非常坚定的想法或立场。你非常坚持，但别人都认为你固执。你能够跳出这种想法或立场去寻找自己不知不觉中存在的偏见，并且审视一下它如何影响了你的想法和行为？
>
> 2. 你是否对某位团队成员持有负面看法？谁是你的多兰？如果你找到了你的多兰，想象自己是一名侦探并去寻找与原本偏见不一致的证据。你现在要为另一支团队辩护。例如，虽然你认为多兰是个不可靠的人，但找出至少三个他信守承诺的例子。如果你发现一次他做得特别好、超出预期的例子，你就会得到奖励的分数。那么，思考一下多兰真的总像你原本描述的那样吗？
>
> 3. 如果你真的想有所改善，那就创建一些多兰成功的案例集。在案例集中，他充满激情、富有能力。多兰的成功会让你承认他的成就，你就会逐渐以更积极的眼光去看待他。

信念固着

大多数人都认为自己是有逻辑的、讲理的，如果当有明确的数据证明我们的某个想法不正确时,我们一定愿意改变这个想法。但不幸的是,情况并非总是如此。不同于有选择性地关注或忽略数据的证实偏见,信念固着指的是即便有强有力的反面的证据,我们仍然倾向于坚持自己的信念。不幸的是,这样做可能会产生可怕的后果。例如,尽管有大量研究表明新冠肺炎是致命的,必须通过保持社交距离、洗手和戴口罩来阻止病毒传播,但还是有些人认为这是一场虚张声势的骗局,或是与一些政治阴谋有关。类似的,尽管有压倒性的研究表明气候变化是真实的,其潜在的影响是灾难性的,但还是有一些人完全无视这一问题的后果,甚至不承认其存在。

在这一领域,社会心理学家费斯汀格做了开创性研究㊀。他最著名的研究聚焦在一个名为"探路人"的宗教狂热组织上。该组织相信上帝会在1954年12月21日派一个飞碟把他们从大灾变中拯救出来。在多萝西·马丁的带领下,信徒们的信念如此之坚定,他们放弃了所有的物质财富,辞去了工作,离开了配偶。你可能已经猜到了,他

㊀ L. Festinger, H. W. Riecken, and S. Schachter, *When Prophecy Fails: A Social and Psychological Study of a Modern Group That Predicted the Destruction of the World*, Harper-Torchbooks, 1956.

第4章
无意识偏见

们肯定是错的。那么你认为1954年12月21日之后他们是如何反应的呢？他们堂而皇之地宣称：由于他们的虔诚和献祭，上帝宽恕了地球。其实，他们要面对的终极自我对质就是——去承认他们为什么为了一些虚妄的、不着边际的想法而放弃了一切！如第二章所述，费斯汀格经研究提出了认知失调理论㊀。也就是说，人们通过声称自己没有犯错，来解决在心理上自己实际上犯下错误的矛盾。显然，这种策略会让人们产生各种挫折感，并与那些基于事实和客观依据来解释情况的人发生冲突。

由于存在着信念固着，人们往往会加倍下注在自己的决定上。请看这个例子：艾伦拥有一个中型的奖杯制作公司。一次她发现了收购竞争对手的机会。她研究了各种各样的协同效果和可能性。在尽职调查阶段，她的会计师指出了该公司账目中存在的明显问题。然而，艾伦却置之不理。她决定"凭直觉行事"，收购这家公司。然而，收购合同刚刚完成签署，客户就开始打电话询问预付订单的情况，

㊀ 该理论认为，在一般情况下，个体对于事物的态度以及态度和行为是相互协调的；当出现不一致时，就会产生认知不和谐的状态，即认知失调，并会导致心理紧张。个体为了解除紧张会使用改变认知、增加新的认知、改变认知的相对重要性、改变行为等方法来力图重新恢复平衡。——译者注

而供应商则带着过期的支票来敲门。正如她的会计师警告的那样,该公司现金流数据不准确,一些采购订单找不到。进一步,沮丧的客户不断流失,供应商拒绝提供信贷延期。艾伦却坚信自己做了一个明智的决定。她继续向该业务投入资金和资源,并把销售额下降归咎于不可预见的市场环境变化。最终,她被迫关闭了公司,遭受了巨大的经济损失,几乎使整个公司破产。

我们都会在判断、失误上犯错误。发现犯错就要勇于承认,并且采取其他行动来规避这个错误对自己、周围的人和公司造成进一步的损失。

> **自我反思**
>
> 1. 你是否曾经做出过什么错误的决定?但当时却不想承认它是错误的,反而认为这是明智之举?它产生了什么影响?
> 2. 当你陷入信念固着时,你如何辨别出来?
> 3. 你有没有遇到过陷入信念固着的同事?如果有的话,你是如何与他打交道的?你成功了吗?你现在是否有其他不同的方法来处理这种情况呢?

/ 第 4 章 /
无意识偏见

反应性贬值

反应性贬值指因为某个提议是来自竞争对手的,所以我们就会贬低该想法。政客们经常拒绝接受反对党的提案,无论这个提案多么微不足道,这就是见证这种偏见最好的例子。再看一个例子。在每个选举周期里,竞选公职的人都在谈论美国人民对于华盛顿的政客们缺乏合作精神感到失望。但这种情况从未得到任何改善。难道你不觉得很有趣(或许令人恼火)吗?这就是为什么我们会将本书会送给参议院每一位议员的原因。如果政治家们都对彼此说"让我们来谈谈吧",并开启文明的对话,而不是一味地说着花言巧语和互相攻讦,那将是多么美妙的事情。

我确信你目睹过反应性贬值在工作中出现的实际情况。我们越是把某人视为对立面,就越不可能同意他的观点或相信对方。例如,如果运营部的马利克有一个建议,会计部的巴布就会认为这是个坏主意,只因为这是马利克的建议。事实上,巴布甚至不用听到这个想法是什么就知道它有缺陷,不值得考虑!顺便说一句,对于巴布的建议,马利克可能也会有同感。在此值得注意的是,人们甚至很少花心思去试图理解自己不喜欢的人的想法。很显然,反应性贬值增加了冲突的风险，减少了合作和健康对话的机会。为了消除这种偏见，双方必须开始相互尊重，并认识到组织需要他们成为盟友，而不是对手。

> **自我反思**
>
> 1. 工作中是否有你不喜欢的人，并且你觉得对方也不喜欢你？是否似乎总有人和你唱对台戏？如果有的话，考虑一下在你们的对话中是否存在反应性贬值？
>
> 2. 想想是否曾经发生过，某个同事仅仅是因为对你的感觉不好就贬低你的想法，而没有考虑你的想法本身好不好？当时你有怎样的感觉呢？
>
> 3. 在工作中，谁和你相处得最不融洽，或者觉得谁在和你竞争？写出来三件关于这个人的你喜欢的或值得尊重的事情。(你能够写出来的。)下次你和他见面的时候，看看自己写的东西。当他说话时，强迫自己把他看作是亲近的团队成员。另外，提醒你自己，还可以提醒其他人：应该关注在最好的想法上，而不管这个想法是谁提出来的。

朴素实在论

类似于反应性贬值，朴素实在论让我们尽可能地忽略意见相左者的想法。这种偏见源自我们认为自己看到的世界是真实的。如果他人有不同的观点，他们一定是错误的或非理性的。通常，人们相信自己客观地看待这个世界；自己感知到的事情一定是符合现实的。想象一下，这里有一个罐子。里面装着你的年龄、种族、籍贯、性别、性取向、教育程度、社会经济地位、公民身份、父母或兄弟姐妹、宗教信仰、原籍国、你的成长地以及你所有的生活经历和个性特征。然后把手伸进去，拿出一副眼镜戴上。你透过这副眼镜看到的世界就像你的指纹一样独特。没有人会看到和你所看到的相同的世界，反过来你也不会看到他人看到的世界。你的视角仅仅是略窥一斑，而不是全貌。

在所有偏见中，朴素实在论可能是最普遍的。我们天生以自我为中心。如果说我们看到的这个世界就是所有他人都经历的同样的现实，这肯定是不正确的。你可以想象一下，许多人际和职业冲突的根源就在于不能理解、接受和解决这种偏见。解决朴素实在论的关键是同理心，我们会在本书的其余章节多次提到这个话题。第一，你必须认识到你的观点是单一维度的、主观的。第二，你的观点并不比别人的更正确。第三，你必须积极正向地从别人的角度来理解事情。角色互换演练是一种富有洞察力的练习。例如，确定一个会涉及若干部门的问题，然后让每个部门的代表来开会一起讨论。该练习的关键是代表们要互换角色：工程师现在是营销专家，会计要站在人力资源管理的角度，等等。同理心是消除朴素实在论和许多其他偏见的良药。

> ### 自我反思
>
> 1. 你认为影响自己世界观的关键因素是什么？写出那些让你与众不同的内容：你的文化经历/传统、个性、宗教、家庭生活、家乡，等等。你能欣赏到自己独特的地方吗？
>
> 2. 哪位同事和你的差异最大，例如在性别、种族、年龄、部门、职位、个性、成长地、教育水平、宗教和政治信仰等方面？你认为这些差距曾经影响过你们对特定问题的看法吗？希望公司使命是大家都认同并支持的共同点！
>
> 3. 花一分钟时间找一个自己有独特想法的问题。然后安排时间，找一位以完全不同的视角看待该问题的人交谈，通过简单的提问来理解对方的观点。例如，你特别支持灵活的工作时间和远程办公，而另一位同事认为必须在办公室里一起工作才能产生积极的协作，才能让员工承担责任。请花点时间和该同事讨论一下彼此的观点和理由。顺便说一句，可以花几分钟时间从个人层面去更多地了解你的同事，进而发现提高彼此关联度的方法。

/ 第4章 /
无意识偏见

关系史偏见

说明一下,这是我创造出来的偏见概念。虽然它与其他无意识偏见有一些交叉,但我相信应该把它单独划分出来。事实上,我认为该偏见解释了很多无意识偏见出现的原因。

我们与他人的互动是基于以往我们所有的人际互动经历之上的。我们每个人都有人际互动关系史。如果你和某位同事之间的互动历史充满了分歧和争论,那么你就会很自然地用这样的方式来对待未来的对话。当你听到电话铃声时,如果电话那边是一个朋友或是一个糟糕的同事,想想你的心态会有什么不同。或者你的老板要找你谈谈,而你能想到的就是,我又做错了什么吗。健康对话的可能性很大程度上取决于你们的关系史。当被迫与不喜欢的人交流时,我们经常会对自己说以下的话:

- 我就是想听听迈克接下来要说什么!
- 玛丽亚总是唠叨同一件事。
- 吉米现在想要什么呢?
- 莱蒂西亚又来了,她就是为了推广自己的计划。
- 其实洛伦佐就是喜欢听他自己说话。

- 他说得容易！
- 马吉德从不听别人说什么。
- 他就是个白痴！
- 他应该离开自己的办公室，到工厂去。他就知道自己在说些什么了。
- 我怀疑萨沙是否真的相信她胡说八道的东西？
- 浪费了30分钟的时间！
- 我不知道晚餐该做些什么。

类似自言自语的话不利于健康对话的开展。在健康的对话中，我们要抱着好奇、合作的心态去恭敬地倾听彼此。如果你想听到别人在说些什么，就要从屏蔽自己内心的声音开始。更好的是，从改变自我对话开始，当你发现自我对话变得消极或者开始批评他人的时候，就记录下来。

> **自我反思**
>
> 1. 在你过去或现在的圈子里，找一位和你关系不好的人。当你想和他说话的时候，你会怎么想他以及会抱着什么态度看待你们之间的互动呢？
>
> 2. 这种转移注意力并带有偏见的想法会有什么后果？相比之下，没有任何预判地专心倾听会有什么好处呢？

> 3. 如果你希望克服这种偏见，请尝试以下方法：在与可能发生冲突的人交谈之前，在黄色便笺上写三遍："我致力于成为一名不带偏见的团队成员，尊重同事的意见。"当你在谈话中感到沮丧时，把便条拿出来读一读。它肯定能发挥作用！

盲点偏见

最后一种也许是最重要的偏见就是盲点偏见，即认为自己没有偏见。如果你仍然相信自己待人接物、做决定、看世界的方式都是完全客观的，那我之前的工作就白费了！如果你希望成为一名更好的同事、更完美的个体，那么识别和消除自己偏见周围的盲点是至关重要的。显而易见的是，你很难自己发现自己的盲点。也许到目前为止你所读的内容以及所完成的练习有助于揭示无意识偏见的存在。在本书中能够读到这些偏见，并能够从思想上理解它们是很好的。但是仅仅理解是不够的，你应该应用它们来改变你的思想和行动。

> **自我反思**
>
> 1. 审视一下所有偏见的列表，选择最能够影响你客观看待事物、与他人有效合作的偏见。
>
> 2. 把该偏见标记出来，并附上如下声明："这个偏见扭曲了我的现实，我决心消除它。"然后整天重复读该声明，并且创建日历提醒来警示自己。
>
> 3. 无论何时，当你发现自己陷入争论或不理解某人的观点时，审视一下自己，看看是不是这个偏见又跑出来了。如果是的话，就承认它所产生的影响，然后从你的想法中消除它。随着时间的推移，你就会看到自己出现这个无意识偏见的频率稳步下降了。当你把它清除之后，就开始对付另一种偏见。

小 结

由于这些根深蒂固的无意识偏见的影响，我们很难客观地看待事物。我们常常发现：与看到自己的不足相比，我们更容易发现别人的缺点。承认和处理我们自身的偏见将有助于我们看到他人身上的偏见。当然，我们必须先从自身做起！一个普遍的规律是，我们越了解彼此，就越喜欢彼此。这在很大程度上是因为彼此的人际关系和相互理

/ 第 4 章 /
无意识偏见

解的程度在逐步加深。所以,应该多去了解你的同事。如果你发现自己处于"拔河"的状态,请先放下绳子,然后试着和你的同事朝着同一个方向使力。

接下来

作为一名特别典型的内向型人士,你想和一个大嘴巴的外向型人士交谈吗?和自恋者或悲观主义者打交道是不是很纠结?你是否想知道如何与性格迥异的人相处?好吧,让我们看看接下来的内容。

第 5 章
性格特质

正如你所想象的,最近三十多年我曾经和很多难搞的客户一起工作过。客户说的最令人沮丧的一句话就是:"嗯,这就是我的性格。"我告诉客户,我对改变他们的性格不感兴趣,也不知道该怎么做。相反,我感兴趣的是如何帮助人们去了解他们的言行对他人、他们的彼此关系以及健康对话可能造成的不利影响。我希望人们能对自己的行为负责,并能够了解其实他们可以选择如何与他人相处、对待他人,他们并非只能贬低、羞辱、大声斥责他人。在办公室里大吼大叫解决不了真正的问题,即使你告诉我这是因为你充满激情,或者更好的说法是因为这是让他人倾听你的唯一方式。当人们把自己的不良行为归咎于性格的时候,我总会和他分享下面这个故事。

有一天,摩西的画像被送到一位国王面前。国王的占星师和颅相学家看了画像后,认为摩西是一个残忍、贪婪、

/ 第 5 章 /
性格特质

懦弱、自私自利的人。但是国王却听说摩西是一位和蔼可亲、慷慨大方、勇敢的领袖。国王很困惑，就去拜访摩西。国王见到摩西时，发现画像画得很不错，于是就说："我的颅相学家和占星师都错了。"但是没想到摩西并不同意，"你的颅相学家和占星师是对的。他们看到了我的本性。但是他们无法告诉你的是，我一直在与这一切做斗争，才成就了现在的我。"

虽然故事的真伪无从考证，但故事的寓意从古至今都是有意义的——性格特征不能成为行为劣迹的借口。我们都必须对自己的行为及其对他人的影响负责，即使这需要个人努力才能得到改善。

性格是指我们的特质、特征和思维过程。它们会让我们用可预测和可靠的方式对事物做出某种反应。众所周知，有些人的性格特质会让困难的对话变得更加困难。很多人都被自己负面的特质所困扰，我们的大量工作实际上也是在试图帮助人们解决负面特质的问题。我有一个客户，他发现自己总是处于冲突之中，但是始终搞不清楚原因。我就直截了当地告诉他，那是因为他给别人的印象是自恋、傲慢、麻木不仁的。很多人特别擅长发现别人身上的缺陷，但是在识别自己负面特质的时候，却都存在着盲区。如果人们认为你很傲慢,那么即使你自己觉得很谦虚也是无济于事的。本章的目标就是为你提供策略,去有效地应对那些个性难相处的同事。当然这也是一个很好的自我反思的机会,因为人们都对自己的性格存在认知偏见。你可以通过本章来反思一下自己的一些想法和行为。以及你性格中的哪些因素可能会导致自己生活中的人际冲突。

经常有人会说,我所倡导的和他人打交道的方法是操纵性的。事实上,我的人际交流策略背后的意图是通过影响他人的行为,来减少冲突并增加协作的机会。如果你查一下同义词字典,你会发现"影响"和"操纵"确实属于同义词,但是"操纵"因为具有某种险恶的目的而带有负面含义。重要的是:要认识到我们一直在通过自己的言行来影响和"操纵"他人。事实上,正是因为不能完全理解这种影响的施加方式,才让我们陷入困境!人们常说,我们无法改变或控制他人的言行。但这种说法显然是有瑕疵的。我们一直都在改变或控制他人的言行。举一个非常简单的例子:想象一下,每天早上你去上班的时候都和前台接待员打招呼,问候她过得怎么样。但是突然从某一天开始,你不理她了,甚至连一眼都不看她就走过去。这种行为持续一周后,你觉得她还会热情地问候你吗?肯定不会

第5章
性格特质

的。你觉得她对你的感觉变了吗？绝对改变了。如果想测试一下这一理论，可以随时找一位你喜欢或者不喜欢的人去尝试一下。

现在想象一下：在一次会议上，有一位你通常对他持反对意见的人提出了一个建议。这时你说："麦迪逊，我确实很喜欢你的想法。不得不承认，我没有想过从这个角度来解决问题。"你是否正在改变对方之前对你的看法呢？而且，关键的是，这是否会改变对方对你的某个建议的反应呢？这样的评论能否促进你们之间关系的改善并促进更健康的对话呢？答案肯定是：是的！我们每时每刻都在无意识地影响着他人。事实上，我们对这种影响的一无所知可能恰恰又促进了那些无意识偏见的产生。想一想，为什么不更好地了解一下我们的言行是如何影响他人的，然后再深思熟虑地选择适当的言行呢？我再表述得清楚一些，我并不打算用什么方式来暗示你去影响或操纵他人，你也不应该为了达到你的目的去学习什么操纵术。影响的目的必须是出于善意的。当你试图影响他人时，其目的就是要培养健康的关系和对话。记住这一点，然后继续阅读接下来的内容吧。

被动攻击型

被动攻击型的人会假意同意他人的意见，然后做出某些破坏已商定计划的行为。该性格类型相关的反击行动和策略包括拖延、开会迟到、工作交付错过最后期限、故意效率低下、工作质量低劣、反应迟钝、回答问题不完整、假装不知、沟通方式不清晰、暗中诋毁他人、破坏计划或工作流程等。

处理方法

尝试和一个被动攻击型的人合作可能会非常令人沮丧。一个典型的例子就是，当你问这样的人是否有任何问题时，即便你非常清楚存在问题，他们也会说"没问题"。（一般来说，如果你希望进行一场富有成效的对话，就不要问可以用"是"或"否"来回答的问题。）即便你想通过说"我可以看出其中存在某些错误"来逼着对方参与到对话中也是行不通的。因为一旦对方选择参与，就等于他承认刚才的沉默是在撒谎。如果你注意到一个人的行为举止发生了变化，可以先给予适当的评论来打开话题。例如，"艾莉，我发现你最近很安静。你一直特别关注安全问题。但

/ 第 5 章 /
性格特质

是在上次会议上,你几乎没有说一句话。我很乐意一起聊一下你的想法,特别是如果你对我的某些提议感到不舒服的话。"如果对方说"没有什么问题"或"挺好的",你最好暂时不再强求,或者你可以用类似的话来邀请对方进行下一次的谈话:"好的。如果有什么事情发生,麻烦请告诉我"。如果这种反常的行为持续出现或变得更加严重,我建议你再次提出进行对话,"艾莉,在上次的部门会议中,我说反对你的看法。我发现那之后你就几乎没有跟我说过一句话。很明显你对我很不满,我想和你聊聊最近的事情。"

被动攻击型的人很擅长找借口,特别是当你试图让他们承担责任的时候。例如:

斯特拉:"卢克,你说中午之前会给我报告。现在已经下午五点了。你写完了吗?"

卢克:"哦,对不起。我一直在等你把其他资料发给我。"

斯特拉:"什么资料?"

卢克:"上个月的报告。"

斯特拉:"你从来没有问过我关于报告的事情。"

卢克:"我肯定问过的。我昨天给你发了一封电子邮件。"

斯特拉:"我没收到过你的电子邮件。"

卢克:"我确实是发邮件了。让我看一下。呃,邮件卡在草稿文件夹里了!"

斯特拉:(想了想)"嗯,确实是。"

让被动攻击型的人承担责任是很难的,甚至他们的反应可能会让你很抓狂。如果你正在管理这样的人,最好的方法是设定非常明确和具体的期望、目标。你最好把工作分解成小任务,这样他们就比较容易确定工作任务的优先级,你就可以确保他们按计划进行。你可以在每天工作开始和结束的时候记录一下工作的进展情况,以确保工作的讨论、进展都有据可查。尽管使用微观管理确实不是良策,但在这种情况下,也只能如此了。

一般来说,与被动攻击型的人打交道要非常直截了当。先用简单、清晰、客观的语言来获得他们的口头同意和承诺;然后通过详细的电子邮件跟进,列出具体的须交付的成果以及工作时间框架;并且举出一些你希望如何完成工作的例子,告诉他们在遇到任何问题时立即与你联系;要求他们在24小时内回复你的电子邮件以确认收到并确认是否理解工作要求;在其他团队成员在场的情况下进行讨论,有助于让被动攻击型的人承担责任,杜绝他们的"甩锅"行为。

第 5 章
性格特质

侵略型

有主见是挺好的,但如果咄咄逼人就不好了。多数情况下,特别是在工作中,自信是一种积极的性格特质。自信的对立面就是被动,它会限制一个人的职业发展。一般来说,很难听到被动型员工的声音,特别是当他和一位侵略型性格的员工在一起的时候。除非组织文化倡导侵略性,否则侵略型人格很难谈得上是一种积极的特征。除了某些特例,侵略性的言行往往会让他人觉得受到冒犯或攻击,并产生"战斗或逃跑"的反应,这两种反应都无助于相互协作或进行健康的对话。该人格属性存在一个巨大的认知盲区。在一次 360 度评估的时候,我曾经访谈了十几个人,他们都把某人形容为侵略型的人,但是这个人却始终坚信自己是自信、有主见的人。

处理方法

根据我的经验,侵略型的人习惯于按照自己的方式行事,会恐吓别人。和这样的人一起工作时,你不必也变得咄咄逼人,但是应该始终坚定、坚持自己的立场。一个非常有效的技巧就是——暂停一下。我的一个朋友安娜丽莎在一家建筑公司工作。这家公司推崇狼性文化，因此侵略性的行为也很容易被接受和容忍。一次，安娜丽莎和泰德讨论问题时，对方变得非常激动并开始咆哮。安娜丽莎说："泰德，我是来找你谈话的，你不用对我大喊大叫。当你准备好谈话的时候，请给我打个电话。"安娜丽莎语调平静、自信、清晰、简洁。在这里她制造了一个暂停。她让泰德冷静下来，并告诉他一旦情绪稳定了，可以随时来找她。果然，两个小时之后，泰德来找她。他们进行了非常富有成效的讨论。也许你想知道，后来泰德是否向安娜丽莎道歉了。不，他没有道歉。但是，正是因为安娜丽莎能够在关键时刻站出来，点明泰德的不恰当的行为，泰德很可能会更加尊敬安娜丽莎。

如果要和一位侵略型的人讨论某个问题，最好是组织一个小组讨论。在小组里，一群理性的组员可以降低侵略型同事的声音和淡化其看法。理想的状态就是：团队成员之间互相支持。如果这位侵略型的人专注于批驳某位同事，其他成员就可以站出来，表示支持该同事。这其实就是多数人力量的优势——一群团结一致的同事可以化解单个激进团队成员的行为。鉴于侵略型的人往往会占据对话的主导地位，因此在会议期间，你可以建议大家在房间里四处走动,并给每个人五分钟的时间不受打扰地表达他们的想法。低头、面无表情等非语言行为有助于消除侵略型同事的不恰当的行为。为了方便日后的投诉,我建议你把对方攻击性的行为记录在案。当然了,如果你觉得受到了威胁,应该立即向人力资源部报告。

傲慢型

傲慢型的人是自恋的。他们认为自己在智力、技能、对组织的价值方面优于其他同事。他们往往会表现得居高临下、不尊重他人、对普通员工不屑一顾,并且常常觉得理所当然。事实上,一些傲慢型的人会毫不掩饰地分享他们的才华和特殊之处。因为他们自认为自己的想法优于他人,所以他们显然不是理想的合作者。但是,傲慢型的人常常冒犯同事,在工作中激起敌意。当然,傲慢的反义词就是谦逊。这是任何优秀团队成员最重要的特征之一。要成为一名高效的领导者,自信是至关重要的。毕竟没有人愿意追随一名不相信自己的领导者。然而,过于自信会让人觉得自大和傲慢。我们应当把自信且谦逊作为努力的方向。

处理方法

傲慢型的人都希望自己外表光鲜，并且能给别人留下深刻印象。他们很在意形象。因此，除非你想引起冲突，否则永远不要在公共场合提及任何可能让他们尴尬的事情。在工作、生活中，我始终保持尊重他人的立场，面对傲慢型的人更是如此。在我看来，确保傲慢型的人的优越感很重要。话虽如此，实际上和他们打交道并不是特别困难。毕竟你确切地知道他们想要什么——他们的自我。可以先问他们一些问题，然后给他们足够的空间去高谈阔论，特别是谈论他们的成就。不时地对他们的聪明才智、良好的判断力和品格表示尊重。除非是会让对方感觉不错的话语，否则避免谈论自己。例如，"我从来没想过还能有这种跳出常规的解决方案。"如果你尝试努力地赞美一名傲慢型的人，其强烈的自我就会产生光环效应，使对方对你产生积极的正向的感觉。

想象一下，你的上级是一位傲慢型的经理。他经常批评你的工作。如果你想阻止这种差评，就可以尝试这样说："老板，很抱歉我没能达成您期望的结果。我知道您闭着眼睛就可以操作这台设备，但我肯定没有您那么好的技能、经验。我想把工作做好，也希望您能看到我的努力。我知道您管理整个部门特别忙，但我特别希望、也特别感谢您能教我如何更好地调整规格，以避免质量缺陷。"虽然这些话在你听起来不那么真诚，但我还是建议采用这种方法来避免冲突、促进合作。之所以会推荐这种方法，是因为它能让你的工作、生活更加轻松。

以自我为中心型

以自我为中心的人往往仅考虑个人感受、自我陶醉、自私自利。他们仅仅关心自己的利益，很少考虑团队成员的利益。为了满足自己的需求，他们会夸大其词、施加压力，甚至撒谎。事实上，他们会觉得以这些方式行事是合理的。这样的个体与团队的关系是"团队 VS. 我"，而不是"团队和我们"。以自我为中心的人与傲慢型的人不同：以自我为中心的团队成员不在乎他人对自己的印象；他们只在乎是否得到了想要的东西。

处理方法

和以自我为中心的人打交道时，要专注于如何最好地支持他们及其工作安排。不要提及你自己的需求，即便你的需求和他们的一致也不要提。事实上，如果你说"是的，这对我有用"，这可能会让他们觉得郁闷。请记住，一切都要围绕他们进行。当以自我为中心的人提出要求时，你要把这个要求口头复述一遍给他们。你可以这样说："我来明确一下你需要我做的事情是……"他们想要知道你是否已经了解了他们需求的重要性和紧迫性。有这种性格的人可能会说："你必须要明白，我的工作很重要，必须优先于其他人的工作。"你就可以这样回答："明白，感谢你把这项工作的重要性解释给我。"

以自我为中心的人想要被包容。所以当他们提出要求时，不管你心里是怎么想的，都要表现出你在给他们帮忙的样子。例如，周一特雷冯来找你谈话，希望你的团队可以从周三开始处理一个项目。你知道这根本不可能。如果你想避免冲突并促进协作，就请尝试以下话术：

特雷冯，我很高兴你让我知道这个项目特别重要。我希望我能早点知道，这样的话我就可以围绕你的需求来计划我团队的工作。让我看看能做哪些调整，来协调我的员工并推迟工期不那么紧迫的事情。下周初我也许可以安排人做这件事。（请记住，你最好留一些余地，以便可以更早地着手。）

第 5 章
性格特质

你的后续对话可能会这样进行：

特雷冯，我团队的每个人都知道你的项目是重中之重。我们已经把一些工作安排推出去，在工作日程安排上更加灵活机动以配合你。斯科特说他愿意加班来帮助你。所以，好消息是我们可以从本周五开始处理你的项目了。

我确信你有过类似的经历：以自我为中心的人总是在最后一刻提出他们的要求。如果默许接受了，你就是在强化这种不良的行为。所以重要的是要纠正这种做法，并且告诉对方要是能给你更多的提前量，对他会更好。例如：

特雷冯，我会尽力满足你的需求，我也理解会出现紧急的情况。一旦发生紧急情况，我和我的团队会尽可能地快速做出反应。但是，为了确保你能够满足客户的需求，请至少提前一周把订单发送给我。

如果你已经和对方谈过了（有可能不止一次），但对方仍坚持在最后一刻提出要求，那你就应该在某个点上坚持自己的立场。你这样做可能会导致冲突。不过，不用担心。后文会介绍如何更有效地处理这个问题。

多疑型

多疑型的人缺乏信任,总认为他人别有用心。他们怀疑一切,愤世嫉俗,甚至可能是偏执狂。这些人在人际交流中会处处戒备,说话拐弯抹角。他们担心被利用,因此试图做到言行滴水不漏。自然地,与多疑型的人建立信任关系需要很长时间。任何不忠诚的暗示或潜意识里的"不对劲"都会使信任度降至零。我有一位客户,他的多疑型测试分数很高。我问他,别人可以做些什么来赢得他的信任。他的回答是:"没有。"

处理方法

很难与天生多疑的人合作,因为他们是不会主动提供信息的。他们往往会认为你没有做到完全坦诚,而且还可能是在利用他们。尽管他们的行为不会促进合作,但他们主动挑衅的可能性不大,他们更有可能会退缩不前。一旦觉察到任何形式的欺骗、分歧或冲突,他们就会立即停下所有的事情,专注于减少自己的任何损失。这就像一只乌龟缩进壳子里的样子。这时沟通基本上停止了。这就意味着未解决的冲突仍将维持在未解决的状态。与这样的人打

第 5 章
性格特质

交道会变得非常令人沮丧和疲惫,因为你必须小心地注意自己说出的每一句话以及说话的方式。

在与多疑型的人打交道时,要表现得非常坦诚和直截了当。这样做会降低对方的警惕性。如果你不同意多疑型人员的观点,就直言不讳地说出来。例如,"在这一点上,我不同意你的看法。"言语要很明确,不带感情色彩,切中要害。当你同意他的观点时,也要这样表达出来。你要试图让一个多疑的人尽量不去多想,并了解对方的真实想法。一如处理其他任何困难的对话,要始终专注于能够达成一致的领域。不论该领域有多小,都是有帮助的。对于多疑的人,首选的沟通方式是电子邮件。因为这能让他们谨慎地做出回应,同时所有的讨论都有文档记录也会让他们感到安全。当然,他们会非常在意你所写东西的任何细节。

与尊重是相互的一样,给予他人信任反过来可以帮助你收获信任。你可以说:"伊娃,我相信你,下面我要告诉你一些机密信息。"如果对方认为你此刻比较脆弱,那就更好了,因为这会让他觉得自己占了上风。很显然,如果你在心里并不信任对方,就要好好掂量掂量你要分享的内容。如果你察觉到对方试图停止或者开始抵触对话,索性就直截了当地说:"我担心我可能说过或做过一些让你感到不安的事情。能请你告诉我是什么吗?"或者,"看起来当前的情况让我们的利益有所冲突。我想和你商量一下如何才能避免这种情况,找到共同利益点。"赢得一位处事谨慎的人的信任会非常困难。其要点就是始终保持清晰、坦诚和前后一致。在需要做出决定的时候,给多疑型的人留出足够的时间和空间,让他们去处理相应的信息,并且永远不要让他们感到有压力。对于不信任他人、偏执、高度多疑的人来说,他们的处事方式已将自身置于不利境地。所以,我总是提醒自己在与这样的人打交道的时候要善解人意。

悲观主义者

悲观主义者对任何事情都是愤世嫉俗的和保持怀疑的。他们以负面的视角来看待世界:杯子总是半空的。小焦虑会被夸大,大焦虑会成为灾难性的想法。悲观主义者惯常的用语包括"我们不可能赢得那个投标""这个解决方案不可能奏效"以及"我听说我们的客户正在与竞争对手交流,我们肯定会丢失这个客户"。就像乌云一样,他们的消极情绪经常会影响到其他同事、降低团队士气。很显然,对于经理来说,这是一个可怕的特质。

/ 第 5 章 /
性格特质

处理方法

悲观主义者的口头语是"不，不，那不行"。而乐观主义者经常会说"没问题，肯定行"。因此，两者之间肯定会有冲突。悲观主义者认为乐观主义者不切实际。当你发现自己陷入这样的口水战时，一个好的策略是同意悲观主义者。例如，"阿德里安，我同意你的看法。我认为按照现状该计划是有问题的。"要注意：表述的时候，千万不能使用"但是"来衔接第二句。"按照现状"这个词很关键。这表明当前可以通过考虑改进方案来继续对话。很显然，真诚地去理解悲观主义者的想法，以及他们的反对理由是至关重要的。例如，"阿德里安，我真的很想从你的角度去了解一下，你认为该计划的哪些具体方面行不通？"如果对方回应"所有都不行"，请不要放弃。从这些事情或计划中最小、最基本的地方入手，选择最不容易遭到反驳的切入点。例如，"基于我们上次与客户的谈话，你是否同意客户对我们的工作不满意？［是的。］我听到的是，客户希望我们提出解决方案。如果在我们提出任何方案之前，能够安排客户的工程师和我们的工程师通个电话，貌似可以确保我们完全了解情况。你看，这样的安排是否合理呢？"在这一系列对话中，获得第一个肯定是至关重要的。

与悲观主义者打交道时，一个普适的原则就是：不要和他们互相指责、不要理会那些否定性的评论，不要把自己陷入消极的漩涡里。如果有人嘲讽地对我说："祝你好运哦！"我通常会很真诚地说："谢谢。真心感谢你的支持。"然后就迅速走开。如果有人表达一些负面的情绪，特别是遇到针对同事的负面评论，最好的回应方法就是忽略它。有一次，我在参加某个网络会议的时候，一位同事给我发短信批评另一位同事的工作，我根本不会回应。一般来说，尽可能少关注负面评论，否则你自己会在不经意间强化这些行为。

思想封闭型

思想封闭型的人只对保持现状感兴趣。对他们来说，改变往往是不好的。这样的人喜欢说，"东西没坏就不用修理"和"这不是我们这里的做事方式"。因此，思想封闭的人也往往被描述为"老学究"、顽固派。与悲观主义者的行事习惯类似，他们往往没有经过深入的思考、讨论就会否定新的观点。与思想封闭型的人打交道会令人十分沮丧。如果他们根本不想交谈，任何健康的对话、妥协都是不可

/ 第 5 章 /
性格特质

能的！

如果你把思想封闭起来，就等于把新想法以及可能更高效、更有效的工作方式、管理员工或经营业务的方式拒之门外。我发现企业的创始人、所有者都特别容易忽视他人的看法，其中亨利·福特最为典型。在《福布斯史上最伟大的商业故事》一书中，丹尼尔·格罗斯详细介绍了福特汽车公司令人难以置信的崛起，以及由于亨利·福特不愿意听取任何人的建议而导致业务急剧下滑的历程。在超过四分之一世纪的时间里，福特公司始终坚持销售黑色的T型车，并且几乎没有对其进行过什么改动。福特周围的人一直鼓励他去创新，但他都拒绝了。有一次，趁着福特外出度假，他的员工主动制造了一台改版的T型车。你猜福特的反应是什么？据说他打碎了挡风玻璃并踩坏了车顶。在19世纪20年代，通用汽车生产的价格低廉、款式更好的雪佛兰车型超越了福特T型车。到1926年，T型车的销量直线下降。多亏福特的儿子埃德塞尔偷偷进行了A型车的设计，公司才得到拯救。因为不愿意听取他人的意见，亨利·福特差点导致自己的公司——美国历史上最伟大、最具代表性的公司之一，走向灭亡。如果你想成为一名出色的领导者，就要学会成为一名出色的倾听者并重视忠诚的员工的想法,无论他们的职位如何都要如此。

处理方法

因为变化会带来不确定性并引起焦虑,所以当引入变化的时候,常会与思想封闭型的人发生冲突。当人们担心他们自己和/或他们的角色有可能变得不重要的时候,特别会如此。与这样的人打交道,同理心是至关重要的。你要站在他们的立场上,从他们的角度出发看待问题。例如,你是否会担心工作职责发生变化,而你可能无法在新角色中取得成功?你最终会失去自主权和决策权吗?当你和现在的同事建立了良好的关系后,你会被重新分配到一个新的团队吗?作为人类,我们会更加关注变化带来的潜在负面影响,而不是潜在的好处,特别是这些变化是强加给我们的时候。

与思想封闭型的人打交道,第一步是让他们参与对话,鼓励他们去接受讨论,并在讨论中逐渐帮助他们提升对不同选择方案的接受程度。例如:

"贝尼塔,关于重新配置生产线的事情,我希望听听你的想法。作为资深技术人员,你比任何人都更了解流程上的问题。哪些地方运作良好,哪些地方运作不佳?团队最

/ 第 5 章 /
性格特质

头疼的是什么,最郁闷的是什么?"

征求贝尼塔的看法,鼓励对方从大局思考,而不是专注于细节的调整。例如,"如果由你从头开始构建一个全新的流程,那会是什么样子?"通常,如果某人长期固定用某种方式工作,他就无法构思出不同运行方式的蓝图。如果可能的话,可以让员工接触不同的运作模式。例如,组织他们进行实地的或在线的参观,了解如何用不同的方式去处理类似工作,并允许他们向操作员提问。这样做能给员工提供一个学习的机会,让他们真正看到其他可能性,而不仅仅是纸上谈兵。当员工真真切切地去探寻其他方案的时候,一定要感谢他们的努力。在评估变化会给个人和团队带来什么影响的时候,必须尽可能地具体和明确。这样才能减少焦虑。很显然,总体的方向就是寻求澄清并讨论能带来积极变化的结果。如果你提出的问题能够启发思想封闭型的人,由他们自己推导出关于变革的任何积极影响,那就更好了。

开启对话的另一种策略就是谈论某个近期出现的影响业务但尚未被解决的事情。例如,"鉴于最近的技术变化、产品线扩大和竞争加剧,你认为我们是否有必要审视一下目前的工作方式,看看有什么可以改进的机会?你觉得这样做有什么不妥之处吗？"在与思想封闭型的人交谈时，需要问很多"假设性"的问题，需要你的倾听和解释。头脑风暴诸多选项并充分权衡每个选项的优点和缺点，包括对不做任何改动的选项进行讨论。把他们的担忧摆在桌面上，而不是去忽略它。与其说"你关注的是毫不相干的事情"，不如试着说"我想明确一下，我要了解这个问题会如何影响整个流程，我们可以讨论一下如何解决它"。人们在某个决策中的输入越多，对这个决策就越有主人翁意识，你面临的阻力也就会越小。

易变型

几年前，在一次工作咨询中，一位女士举起手说："我遇到了一个疯狂的老板，我该怎么办？"我问她是否可以描述得更具体一些。她接着描述了这样一个人：行为古怪、不可预测、不合逻辑、愤怒、偏执和以自我为中心。我给出了唯一合理、现实的回应："祝你好运。"这样的老板可能是双重人格：有时她会非常积极地支持下属，但下一分钟她就会生气并尖叫。也许她会告诉你用某种方式做某事，然后却会因为你这样做而斥责你；当你提醒她你只是按照她的指示去做时，她坚信她从来没有说过这样的话。不幸的是，我想在你的职业生涯或个人生活中至少会遇到过一个你称之为"疯子"的人。

处理方法

老实说，我只有一条建议：在人生旅途的任何地方，尽可能避免遇到这样的人。一旦发生冲突，你要设法尽早脱身。一般来说，在与这样的人进行高度情绪化的对话时，尽量不要独自一人。确保所有不当行为都要记录在案。如果你的工作需要定期与此人打交道，并且你的经理和人力资源部都知道这种情况，但没有采取任何措施，那你最好另谋高就。普遍而不幸的现实是，所有人都知道这个人的不当行为，这样的人之所以会被留用，是因为他们具备某种难以替代的技能，或者他们的工作可以产生可观的收入。

小　结

本章介绍了一些性格特质，其实还有其他的特质会单独或一起影响我们的人际互动。我们无法改变自己的个性，更不用说去改变他人的个性了。因此我们必须意识到性格特征会如何影响行为，并在我们的行为和反应方式上做出选择，以减少发生冲突的可能性、增加合作的可能性。

接下来

在人际互动中，你怎么说和你说什么同等重要。在下一章里，我们将探讨非语言沟通以及它是如何影响合作和对抗的。

> **自我反思**
>
> 1. 在本章讨论的这些性格特质中，哪些（哪怕仅仅是一点点）可以在你自己身上找到？
> 2. 什么样的行为与你性格的这些方面有关，你认为它们会如何影响他人？
> 3. 你如何更好地管理这些消极行为？
> 4. 把一位经常会与你发生冲突的同事作为对象，用所讨论过的某个性格特征给他贴上标签。根据本章中列举的策略和示例，你会如何更加有效地与其打交道呢？

第6章
非语言沟通

非语言沟通是指除语言符号之外的信息传递,包括面部表情、手势、距离感和语气。非语言沟通是我们发送和解释信息的重要组成部分。有一种经常被引用的说法:93%的沟通交流是依靠非语言的(其中55%归因于肢体语言,38%归因于音调)。这个说法来源于20世纪60年代加州大学洛杉矶分校的阿尔伯特·梅拉比安教授的研究。该研究要求一组受试者根据一句口语表达来猜测一位女士的情绪,另一组受试者则根据一张照片中这位女性的表情来猜测她的情绪。但是,用菲利浦·雅夫的话来说,"某些'真相'存在谬误。这个(指7%规则)就是其中之一。"非语言沟通很重要,在某些场合甚至非常重要,但是说只有7%的交流依靠语言是不真实的。

我们使用非语言线索来表达超越语言的意义,有时甚至会代替语言。为了强调某一点,我们会举起手臂,随着自己的声音有节奏地挥动。我们说悲伤的话时会低头,在无法回答问题时会耸耸肩。如果我们感觉心烦意乱,就可能会用手指点着某人、提高声音、凝视对方或用身体逼近对方,给对方紧迫感。当然,如何解读这些非语言的信息,必须基于对双方关系的理解以及对话的背景。在谈到如何解释他人的非语言信息时,关系史偏见起着重要的作用。如果你历来就和某人存在分歧,就可能会把对方某种面部表情解释为皱眉;而如果是你朋友做出同样的表情,你可能会认为它是中性的。

准确地解释和使用非语言沟通是一项需要不断打磨、练习的技能。该技能在困难的对话中有很大的用处:它能够帮我们发现对方说出的语言与他们的非语言信息是否匹配,这对于理解对话的完整含义至关重要。情商高的人最有可能注意到这些信息线索。即便你的情商不是特别高,也可以通过阅读本章的内容,来学会解释、理解和使用非语言沟通。阅读时,想想你自己的非语言沟通方式,以及它如何影响他人对你所说的话的理解,尤其是在困难的对话中。

面部表情

20世纪60年代,美国心理学家保罗·艾克曼对面部表情进行了开创性的研究。他确定了人类的六种基本情绪:

愤怒、恐惧、厌恶、快乐、悲伤和惊讶。最近的研究表明，可以将这些基本情绪组合起来，创造出另外 16 种不同的表情。㊀例如，你为一个朋友准备了惊喜生日派对，当他走进去的时候，他的面部表情会告诉你，他既惊讶又高兴。我们的面部表情很容易被解读并且经常能被他人准确判断。如果能够察觉到在沮丧或生气时自然流露出的表情，那么就可以适时控制对话情绪，避免在有争议的谈话中造成冲突升级。如果对方讲述的事情你非常不同意，那么不要摆出一副挑剔的面孔（你在和我开玩笑吗！），而是做出好奇的表情，这样做往往会更有效。（这并没有经过什么验证，但我想你以前也曾见过这样的情况。）

当然，除了分析面部表情之外，我们还可以从面部的某个区域（主要是眼睛）中获取各种信息。想象现在有个人专心地盯着你看。根据这个人是谁、当下的状态和你的心态，这种凝视可能会被解释为亲密的，也可能被解释为带有敌意的。当你说话时别人把目光从你身上移开是什么意思？你是否把这样的行为解释为粗鲁、无聊、害羞、不

㊀ S. Du, Y. Tao, and A. M. Martinez, *Compound Facial Expressions of Emotion*, Proceedings of the National Academy of Sciences, first published March 31, 2014, https://doi.org/10.1073/pnas.1322355111.

感兴趣或不尊重的表现？如果在争论过程中，对方的眼神向下看，那是否意味着我们"赢了"？这真的有什么含义吗？人们会出于各种原因中断眼神的交流，包括处理信息、回忆事件、试图弄清楚如何回答问题或试图记住新实习生的名字，等等。当开始思考这些需要集中注意力的问题时，我们就会将目光从另一个人身上移开。此外，中断目光接触是西方社会的文化规范。

对于抬眉、眨眼、眯眼、流泪或转动眼球；撅起、上翘或下垂嘴唇；皱鼻子等行为，我们都赋予什么含义呢？我们是否将这些解释为好奇、悲伤、惊讶、内疚、愤怒、沮丧或同意？对于这些即时的、无意识的信息，我们会如何处理呢？它会如何影响我们的感觉、思想和行动？它会让我们的行为举止促进合作还是助长冲突？如果我们不做解读会怎么样？讲话的人想传递某个意思，而偏见可能让我们解读出完全不同的意思。以上这些问题的重点是让你反思一下：我们根据那些微小的面部表情想象出了多少故事，以及这些想象中的故事对于批判性对话的过程和结果可能产生什么样的巨大影响。当你不知道他人在想什么，特别是发现对方的语言和非语言行为似乎不一致的时候，我建议你直接问他们一下。例如，我们可能会说，"我是不是说了什么让你不高兴的话"或"我想知道你在想什么"，或"你有什么建议吗"。选择解读微妙的迹象并推测他人的想法可能会是一场有趣的游戏，但肯定不会带来健康的对话。

当然，还有一些微表情可以传达对他人、对讨论更加积极、好奇和快乐的态度。这些面部表情包括放松的下巴、微笑中上扬的脸颊、拉长的唇角、靠近眼睛外侧出现的鱼尾纹，以及从鼻子外侧延伸到嘴唇外侧的皱纹。㊀一旦你注意到这些表情，你就可以努力控制它们。用查尔斯·达尔文的话来说，"每一个真实的、内在的表情都有某种自然且独立的起源。但是我们一旦掌握了这些表情动作，就可能会自主地和有意识地把它作为一种交流方式。"㊁除了能够控制自己的表情外，你还能够更加熟悉、适应他人的表情。把这两者结合在一起，你就会成为更敏感、更积极的倾听者。

如果对方的面部表情非常少怎么办？玩扑克时有一张

㊀ V. V. Edwards, "The Definitive Guide to Reading Microexpressions（Facial Expressions）", *Science of People*, June 10, 2020, https://www.scienceofpeople.com/microexpressions/.

㊁ M. Bates and P. S. Humphrey, *Charles Darwin：An Anthology*, Transaction Publishers, 2009, p.395.

扑克脸是很好的，但和同事或直接下属交谈时，扑克脸就不那么受欢迎了。作为人类，我们总是迫切想知道别人在想什么，如果在一个人的脸上看不到任何情绪流露，那是非常令人不安的。当对方沉默不语且面无表情的时候，我们往往会认为他们有负面的和批判性的想法。如果一位经理很少流露情绪并且不善言谈，这可能会给其直接下属带来相当大的焦虑。一般来说，经理给员工的反馈越少，员工就越焦虑，因为他们无法确定自己的处境。对于那些期望定期获得反馈的年轻一代员工来说，老派的、"一切听我安排就好"的管理方法尤其无效和消极。如果他们没有收到老板的反馈，他们会认为自己做得不好。如果你是一个不喜欢情感外露的人，那么重要的是你需要和他人分享你的想法和感受，无论是采用口头还是书面交流的形式，这样他们才不会焦虑和胡思乱想。

我的一位客户亚历克斯是一位非常成功的IT高管，我有幸为他提供顾问服务。亚历克斯是一位视障人士，他的故事与本章内容非常契合。和平时一样，我首先为亚历克斯进行了360度评估，这个评估的结果非常具有启发性。很显然，亚历克斯不能感知他人的非语言沟通。但是让我没想到的是，他也没有意识到自己的非语言行为会如何影

/ 第6章 /
非语言沟通

响他人。

与扑克脸相反,亚历克斯的面部表情会清楚地反映出他的想法和感受,而且经常以夸张的方式表现出来。在大多数情况下,这是完全没问题的;但在某些情况下,做出中立的表现非常重要。例如,在头脑风暴会议中,他会明显地批评某些想法,而支持另一些想法。如果他在口头上说支持一个想法,但他的非语言行为表明并非如此,他就真的给自己惹上了麻烦。渐渐地,亚历克斯学会了如何调节自己的面部表情并使其与他的讲话保持一致。这减少了非语言行为误导他人的情况,并营造了更开放的讨论氛围。

手势

手势在所有文化中都很常见,是传达个人感受和想法的一种方便手段。众所周知的例子包括手指比出"V"形表示和平、交叉手指表示好运、竖起大拇指和举起拳头代表胜利。一些文化以使用手势而闻名。例如,意大利人以其绚烂多彩的手势文化而闻名。然而,手势的含义可能因文化的不同而差异迥然。一个臭名昭著的反面例子就是尼克松总统在访问巴西时,热情地向等候的人群打招呼。他用了一个美国人认为代表 OK 的手势(用食指和拇指触摸,剩下的三个手指朝上）。不幸的是，在巴西文化中，该手势的含义类似于美国的竖中指。很显然，那些在跨国组织中工作的人，非常有必要去接受跨文化手势含义的培训。虽然在商务沟通和困难的对话中，手势可能不会发挥重要作用，但能想象到，一个友好的手势，例如竖起大拇指或挥手打招呼、再见，会传递积极和协作的信号。

肢体语言和姿势

就像面部表情一样，我们的肢体语言是对声音语言的补充。如何摆放身体可能会揭示出我们的感受和想法，但也可能毫无意义。我们往往不会过多地考虑如何坐下、站立或如何放置手臂。但其他人会有意或无意地赋予我们的肢体语言某种重要意义。当某人瘫倒在椅子上时，意味着什么呢？是意味着他累了还是没有兴趣？也许是他觉得尴尬并试图避免目光接触；也许是因为他缺乏自信；也许这样做就是让背痛舒缓一些而已；或者可能只是因为他的姿态不佳。晃腿、敲击手指、交叉双臂和双腿、双手放在臀部、双手在身前或背在背后、手掌张开或合拢，每一种肢体语言都有助于我们理解他人的心理状态，都有可能加剧或减少冲突。虽然肢体姿态很大程度上是无意识的，但如果我们能主动地控制肢体语言会有很大的帮助,特别是在重要对话期间。

你可以利用肢体语言来促进健康的对话。以下是营造安全感和开放感的一些技巧:

- 把手放在自己身上,不要碰另一个人。
- 把手放在身体两侧。
- 保持双臂和双腿不交叉。
- 避免用手指指指点点。
- 保持手掌张开,而不是握紧拳头。
- 放松你的肩膀。
- 双脚分开与肩同宽,脚趾指向正前方,而不是向外张开。
- 避免快速、突然的动作。
- 避免坐立不安和其他不庄重的姿态,例如晃腿或敲击手指。
- 避免过度前倾和挤占他人的物理空间。

另一种肢体语言的类型我们可以称之为"镜像",它是指模仿他人的非语言行为。它是无言的"鹦鹉学舌"。大多数情况下,这是在不知不觉中完成的。然而,它是一种很好的技巧，可以让他人觉得舒服并和你产生一种联系感。它创造了一种熟悉感，可以帮助化解特别困难的对话。因此，如果你正在与交叉双臂或双腿的人交谈，你可能也想这样做。与语速很快的人交谈，你可能也需要加快语速。你也可以模仿他人的用词，这就是复述会让他人感到被理解的重要原因之一。

我曾经举办过一次研讨会。在休息期间，一位参与者走过来愤怒地说："我简直不敢相信，我必须浪费整个下午来听一场关于尊重的演讲！"（幸运的是，有人预先告诉过我，就是因为她才组织的这次活动。）当我开始回应时，她立即打断了我，说："你甚至不知道该说些什么，不对么？你双臂交叉，你的防备心可真够强的！"我回答说："其实，我觉得房间里很冷。"她立刻说我在撒谎，然后气冲冲地离开了。不幸的是，这些粗鲁的人会给周围的人带来恐惧，以至于其他人都不敢说话，特别是如果这样的人是一名部门经理。

对于自己的肢体语言和姿势会如何被他人解读，要有自我觉察，特别是在谈话中情绪激动的时候。想象一下，把自己视为客观的第三方。根据我的经验，相比于面部表情，人们更容易注意到自己的肢体语言，因此能够更好地进行调整。我还建议你注意一下他人的肢体语言以及它在你身上引发的潜意识的想法和感受。例如,当对方交叉双臂的时候,你的解释是他开始防御还是准备反抗?你的这种评估会如何影响你的感受、想法和行动?

肢体语言当然不是无害的。虽然很少有人会这样做,但我还是建议在会议或演讲中录制自己的视频,然后关闭声音进行回放。(有几个在线会议视频平台可以很简单地进行这种操作。)当你回看视频的时候,试着想象看的不是自己而是其他人。这个人看起来投入么?他看起来是好奇的?是无聊的?是心事重重的?还是焦虑的?他是否有任何动作或表情暗示着冲突或侵犯?这些身体表达是否与你当时的内心想法和感受一致?在评估自己的肢体语言后,请考虑是否可以对自己的表达方式进行一些调整。如果无法在工作中拍摄自己,即便是在社交场合与家人和朋友一起制作的视频也能有所启发。

物理距离

物理距离,也称为空间关系,可以显著地加剧冲突。在情绪激动的谈话中,距离贴近意味着攻击性和企图支配或压倒对方。一个夸张但很清晰的例子就是,拳击手在赛前新闻发布会上的正面对决。相反,当我们试图避免冲突或准备逃跑时,会保持超过文化习惯约定的距离——美国人大约 1.2 米(4 英尺),欧洲人一般 0.6～0.9 米(2～3 英尺)。可悲的是,由于受到新冠肺炎疫情的影响,社交距离要求达到 1.8 米(6 英尺)。当然,在身体上接近另一个人也可能表明友谊和感情。

很显然,要非常注意是否会侵占他人的物理空间。如果你发觉某人特别紧张或焦虑,请保持比平时更远的距离。对于试图拉开距离的人要特别小心,并注意不要无意识地跨步或身体前倾以缩小距离。重要的是要知道如何处理他人试图利用身体接近进行恐吓的情况。当然,"坚守阵地"的策略是一种选择,但它也可能会加剧紧张局势。如果你正站着,就索性坐下来以缓解情绪。因为这样会与对方拉开一些距离,还能让自己采用更放松的姿势;当然希望对方也能坐下来。你可能已经注意到了:站立姿势更容易让我们精力充沛。事实上,我们兴奋的时候往往就会站起来。

如果没有地方可坐或者坐下并没有实现预期的效果,我建议直接走开,拉大彼此的物理距离。如果你这样做,而对方靠得更近了,你就说:"请尊重我的私人空间,退后一步。"如果对方拒绝你的要求,你可以说:"我现在要走开。请尊重我。"在任何这些情况下,请尽量保持镇静,以避免出现进一步的攻击行为。

声音品质

我们说话时的声音品质,例如音量、节奏、音调和语气,都对我们发送和接收信息的方式起着至关重要的作用。这个研究领域被称为副语言学。在组织语言的时候,我们会注入重点和情感,从而影响听众如何听、如何解读我们的信息。当然,我们试图传递的内容和听众对这些信息的解读可能会大相径庭,尤其是在情绪激动的谈话中。例如,很容易就会把"是的,没错"解读为指责或肯定。或者想象一个对话情景,你说"我已经没有选择的余地了",你的同事回答说"真的"。这个时候,你听到是什么呢——"真的。""真的?""真的!"即便回应的方式是疑问句"真的?",你对此的解读可能是认为对方是真诚的,也可能认为对方在讽刺你。根据你对同一句话的不同解读,你的反应很可能会截然不同。

说到如何表达,通常我们的情绪会出卖我们。当然,这一点一般在某些特殊情况下才会引起注意。在高兴、开心的时候,声音的音调、节奏和音量自然就会增加。我从来没有中过彩票,甚至连抽奖都没中过。但是如果真的中奖了,我肯定会尖叫出来。(记住,情境是重要的。)诚然,在商业环境中尖叫肯定是不合适的。从进化的角度来看,人类非常擅长识别愤怒的语气,这是有道理的。在生气的时候,我们的音量和节奏就会增加。但是,对于某些人来说,这会产生相反的效果。(我父亲特别生气的时候,就会说得更慢更轻柔,但他的语气却能够非常清晰地表达他的情绪。)

愤怒的时候,我们往往会提高音量,但之后又会后悔。作为人类,我们非常希望能够控制自己的情绪。因此,在这种情况下,道歉总是合适的举措。这可能是拉回彼此的关系和对话的唯一且最有效的方式。有的时候,我们可以从对方的反应中判断出我们所说的话并没有达到预期的效果。例如,我可能仅仅是想针对她的演讲给一些建设性的反馈。但是在我表达观点之后,她却说:"为什么你总是批评我的所作所为?!"本意上,我希望我的评论对她是有帮助的。但它们却被对方认为是贬低的。更糟糕的是,我下意识的反应可能会让事态更加紧张。例如,"你这是怎么了?我就是想帮忙而已!"这可能让沟通交流瞬间从建设性的变成破坏性的!

/第6章/
非语言沟通

书面语

虽说我们不必担心书面文字的非语言沟通问题，但对于所读的内容（从短信到宪法文本），我们会不断地将某种意义注入其中。一般来说，文本越短，就越容易阅读，但越容易不准确（当然，那些很简单的回答如"是""七点钟"除外）。对于沟通的上下文掌握得越少，信息就越模糊。而且，基于过往的关系史，我们很可能会误解发件人的意图。想象一下，老板给你发了一条短信："你今天都干了什么？"这条短信会被解读为指责、关怀还是微观管理？在我们试图解码即便是一条非常简单的信息时，许多无意识偏见都会跑出来影响我们。再说一遍，一个最重要的提示就是——如果你发现自己在琢磨"我想知道对方是什么意思"，那就去问问他！

除了确切的措辞之外，标点符号也很重要。从代际差异的角度研究标点符号使用的不同是很有趣的。例如，年轻的员工可能会把短信结尾的句号视为不祥之兆或愤怒的表象，而老一辈员工可能只是认为这是正确的语法而已。（许多年轻人认为标点符号是可选的！）在一封信函里，如何开始（称呼）或结束（告别），也会对某些人产生有趣的影响。例如，我有一位欧洲的同事，他觉得没有正式的问候和告别语是非常不礼貌的。就我个人而言，我觉得在职业的回复中应该使用正式的问候和告别语。当然，每次都写（不是自动跳出的）"此致敬礼，保罗"是否太多了？也值得商榷。

下划线、斜体、粗体、突出显示和大写的用法都会传递各种情感，尤其是在短信等简短的沟通交流中。坦率地说，我觉得用这种方式来强调、突出某些词语在很大程度上是不必要的，常常会令人恼火，而且有时会增加冲突而不是解决问题。（我甚至都不会用表情符号。）尽管我不喜欢使用粗体字、下划线，但在此还是要指出，**请不要通过电子邮件或短信进行充满情绪的对话！！！** 本着促成健康的书面对话的想法，使用正确的语法和标点符号，简洁地说清楚背景信息，并使用简单、清晰和直接的语言去表述就可以了。

小 结

读完本章后，你是否有一些自我觉察？写完本章之后，我总是会先在脑海中想象一下自己在他人眼中的样子，然后才能开启这次对话。我甚至不想去照镜子！你的表情、姿势、与他人之间的距离都可能会升级或者化解冲突，因此非语言行为是很重要的。当处于情绪紧张的境地时，你需要做的最重要的事情就是保持冷静和沉着——无论是语言还是非语言的表达都要如此。不要说出或做出任何会透露你已经心烦意乱，或有可能激怒对方的事情。此外，确保你的语言和非语言沟通保持一致。

接下来

在下一章，我们将研究一下那些会引发对抗或能把激烈的对话转为协作对话的特定用词、短语和表达方式。

自我反思

1. 回想一次最近发生的激烈对话。你是如何用非语言沟通回应的？你认为它平息了还是升级了紧张的局面？你怎么做才会有不一样的结果呢？

2. 当别人的非语言信号刺激到你，并且导致事态升级的时候，你该如何应对？

3. 在参加一场特别困难的对话之前，尝试对着镜子练习一下，特别注意对方会如何解读你的非语言沟通信息。

4. 在紧张的谈话中，向在场的某位同事征求一下他对你的肢体语言和语气的反馈。你听完之后是否仍然可以保持冷静和专业？

第 7 章
上膛的语言

上膛的语言是指能唤起强烈情绪的词、短语、陈述和问题。如前所述,有一连串的因素会影响到我们对语言的解读,影响我们对他人的反应,包括语气、肢体语言、上下文和无意识偏见,以及动机、心态、心情,等等。我们越了解这些影响因素,就越能控制自己的情绪,并以冷静、有意识和有节制的方式做出反应。

我们一起关注一下口语这个事情。显而易见,一场对话是两人或多人之间的语言交流。对话是由文字组成的——包括那些用来交流的符号语言。没有文字的对话只是互相凝视较劲。有些言辞、表达会引起喜悦或平静;而另一些则会刺激到我们,也就是说,会让我们的负面情绪飙升,让我们火冒三丈。下文列出的这些说法、问话往往会加剧对话的情绪化。它们给人的感觉会是不尊重、批评、贬低、独断、威胁、不屑一顾、不诚实或对他人性格的攻击。简而言之,它们不会产生健康的对话。读一读这些语

/ 第 7 章 /
上膛的语言

句,想一想哪句会刺激到你:

- 你是认真的吗?
- 你有完没完?
- 你确定要走那条路吗?
- 你真的相信你所说的吗?
- 已经搞定了呀!
- 老实说,这很容易理解呀。
- 我得向你解释多少次,你才能明白?
- 我并不指望你能理解。
- 如果我需要你的意见,就会去问你的。
- 就是这样的呀。
- 这对你来说可能是个问题,但对我来说不是。
- 现在你就是在胡说八道。
- 重复一遍,都是因为你!
- 别再装了!
- 别再固执了!
- 要么接受,要么走人。
- 这根本就是骗局。
- 这和你无关。
- 这对你来说不会有好结果。

/ 高难度沟通 /
如何应对职场高冲突对话

- 你不明白的点是什么？
- 你所说的都无关痛痒。
- 你的问题究竟是什么？
- 为什么你如此抵触？
- 你为什么把它看得这么重要？
- 认真一些行吗！
- 你根本不知道自己在说什么。
- 你要立刻改变你的态度！
- 你要清醒过来，生活在现实中。
- 闭嘴，听着。
- 你不会明白的。
- 你太敏感了。
- 你就是在无理取闹。
- 你糊涂了吧。
- 你太情绪化了。
- 你在撒谎。
- 你完全失控了。
- 你错了。

在以上这些话里面，哪句会让你火冒三丈？你是否后悔过使用这些语句？是不是还有别的类似语句呢？当听到

第 7 章
上腔的语言

这些煽风点火的话语时，你会如何反应？不幸的是，人们的第一直觉反应通常都是口头报复，而没有考虑过这样做的影响。例如，如果对方说："你是不是哪有问题？"一个自然的回应可能会是："你就是我的问题！"或者，当对方说："你不是认真的吧！"你的习惯性反驳可能是："哦，我已经很认真了。"当对方问："你确定要走那条路么？"你可能就会立即回答："我等不及了。"很显然，这种沟通交流加剧了冲突、升级了对抗；而一旦开始言语争吵，就绝对没有合作的机会了。如果你真的想加剧紧张局势、永久性损害彼此的关系，那就请通过电子邮件、文字、社交媒体来进行公开的论战。

一般来说，口语交流的时候，要避免使用"你"的陈述方式，多用"我"的方式来沟通想法、感受和情绪。"你"的陈述通常感觉像是一种攻击，尤其是当把"你"与"需要"或"必须"这两个听起来像是命令的词结合使用时，很可能会让对方处于防御状态。面对"你必须做某某事"这种话，人的天然想法就是"凭什么你让我做什么，我就要做什么"！另外，要避免类似"总是"和"从不"这样的词，因为这样的极端表述很容易被找到漏洞。例如，"你从不说实话"或"你总是为自己着想"。此外，"但是"

这个词虽然可能不会让人一下子就火冒三丈，但最好避免使用。因为它往往会否定刚才所说的内容。例如，"我相信你，但是……"

缓和的语言

当然，也有一些表达有助于缓和局势、恢复理性对话、加强合作。一般来说，任何表达同理心，真诚、诚挚的歉意，愿为造成的冲突负责的话语都有助于平息情绪。这些有用的话语包括：

- 我很抱歉，在没有听到你的观点、了解所有事实之前，就妄下结论。
- 我很抱歉自己情绪失控。
- 我道歉。
- 我有不可推卸的责任。
- 我没有从你的角度去考虑过。
- 我保证以后会更加周到。
- 我本该让你放心的。
- 我应该多问问你而不是仅仅做出假设。
- 我错了。

第 7 章
上膛的语言

- 回想起来,我不应该责怪你。我应该为所发生的事情承担更多的责任。
- 我的所作所为欠周全。我深表歉意。
- 我所说的不恰当。
- 你说得对。

当别人对你使用这些话语时,你会如何回应?你能感觉到自己血压下降、肩膀放松吗?它能让你更充分地倾听对方吗?值得注意的是,几个简单的词就可以彻底转变对话的进程。不管你有多生气,当别人说"我向你道歉"之后,你都很难继续大喊大叫了。我鼓励你下次遇到争论时尝试使用以上语句。如果找不到其他需要道歉的事,就为自己音量过高、没有完全倾听对方的意见,或者为自己有些固执,而向对方道歉。除了以上语句,你还能想到其他可以减少负面情绪的短语吗?

有一句话很有趣。它有可能会提高或降低他人的情绪状态,也可能对他人的情绪状态没有影响。这句话是:"好吧,我们应该同意各自保留不同意见(agree to disagree)。"其实我不支持这种说法。因为这句话往往会过早地停止讨论,让你丧失潜在的机会。我觉得说这句话其实就是不想真诚解决问题的借口。当人们不想去理解他人的观点、不想找到共同点的时候,就会这么说。健康的对话是基于真正的合作愿望,而不仅仅是口头上的想法。

对于"同意各自保留不同意见"的表述,可以这样回应:"我很尊重你的决定,我们可以先搁置分歧。请给我几分钟明确一下大家可以达成一致的地方。我们应该为客户和同事尽我们所能地达成协议并取得进展。"或许可以提议第二天继续对话,让大家都有机会再考虑一下。这种方法会让讨论继续进行下去,并提高解决问题的可能性。

沉默对待

你有没有过这样的经历:你很在乎某人,但对方却沉默以对?这是不是让你感觉更糟糕?在这里,我想要讨论的是,当对方不是想从对话中暂停下来冷静一下,而是从根本上就拒绝跟你交流时该怎么办。此时此刻,没有任何语言、对话,沉默说明了一切。在工作环境中,这种行为显然是不专业、不恰当的。但你我都遇到过类似情况。

这种僵持有时会持续几个小时或几天,有时甚至是永远。正如前文所述,冲突造成的负面影响不仅仅会涉及身处其中的两个人。如果你发现自己深陷其中,我最好的建议就是直接真诚地说"我们谈谈吧"。你必须全力恢复彼此的关系。当然，应该尊重并给对方一些时间和空间，但你还应该坚持不懈地向对方递出橄榄枝。这样做，不仅是为了你自己好，也是为了别人好。当然了，假如你本身就喜欢以沉默作为你的表态，请丢弃这种做法。你的工作就是为公司和客户尽你所能，如果你不与同事交流，就无法做到这一点。

小　结

当我们把语言和非语言沟通结合起来考虑的时候，就会意识到人际互动有多么复杂，就会发现可能出错的地方实在太多了！有效的沟通者在说什么和如何说方面是非常有意识的，特别是在遇到困难的谈话时。不管别人对你说什么，都要尽力保持冷静和风度。就像我们常说的："他就是想要激怒你。"对于这种情况，我的建议是以更长远的眼光来思考当前的境遇，继续保持尊重对方，以负责任的态度维系沟通。请记住：虽然暂停是一个好的策略，但沉默不语并不是。什么都不说会让你一事无成。

接下来

在下一章中，我们会讨论：当你发现自己的情绪即将爆发的时候，有什么主要的应对策略。现在，请仔细回想一下，语言是如何影响你个人的；在过往的经历中，语言是如何加剧紧张局势的；你可以说些什么来减少冲突、促进合作？

> **自我反思**
>
> 1. 在一触即发的争论中，他人都对你说了些什么？
> 2. 通常你会如何处理此类情况？如何更有效地处理此类情况？
> 3. 当你生气或感到沮丧时，你会发表哪些煽风点火的言论？你可以用什么更合适的语言呢？
> 4. 你最近是否因为自己的某种行为，而向某人道歉？
> 5. 如果你最近正在和某人"冷战"，请想办法去解决它。

第 8 章
情绪按钮管理

每个人都有自己的情绪按钮——那些会触发强烈负面情绪的言语和行为。在上一章中,你可能已经找到了自己的情绪按钮。实际上,有时只是在电子邮件的标题或短信中看到某个人的名字即可触发这些情绪,甚至都不用阅读正文!情绪按钮被触发的常见情形包括:被欺骗或被利用、在谈话中对方转身走开、被批评、被质疑性格不好、被隐瞒真相、自己的工作成果被别人抢去邀功、被质疑工作能力或资质不足,等等。面对此类情况时,你可能会毫不犹豫、不计后果地做出反应。在这些情况下的常见体验是失控。本章会教给你具体的认知和行动策略,帮助你在有争议的对话中保持冷静。

识别你的个人按钮

类似于学习无意识偏见,管理个人情绪按钮的第一步就是识别它们。一旦识别出来,就可以随时发现它们,然后对自己说:"等一下。这是我的情绪按钮。我知道该如何处理它。"做一个不恰当的类比。想象一下你开车的时候,突然发现路面上有一大片结冰了。你知道已经无法避开这片冰面了,但你可以用自己掌握的技能来有效地驾驭车辆并应对它。面对"冰冷"的人际关系时,情况也是如此。花点时间想一想,别人所做所说的哪些事情会让你怒火中烧。在下面的空白处,写出你自己的情绪按钮以及和它们相关的感觉。第一行给出了一个示例。

触发点	触发的感觉
示例:如果有人背后说我坏话	不受尊重,生气
1.	
2.	
3.	
4.	

当你回看这个表格的时候,是否注意到这几个情绪按钮有什么共同点?在"触发的感觉"这一列,"不受尊重"

/ 第 8 章 /
情绪按钮管理

这个词出现过多少次？对于许多人来说，感到不受尊重是一个主要的按钮。不管如何定义或衡量它，相互尊重对于彼此关系的良性运作都是必要的。在我的第一本书《胡萝卜加大棒不起作用》中，我提出了尊重可以提高员工敬业度的论点。后来，我没想到这本书会被翻译成多种语言，销往世界各地，并多次被列为有史以来最重要的人力资源管理书籍之一。该书的成功证明了尊重的力量。虽然对尊重及其对应行为表现的定义因文化而异，但毫无疑问它是重要的。用伟大的黑人棒球运动员杰基·宾逊的话来说："我不在乎你是否喜欢我。我只要求你尊重我这个人。"不尊重是冲突升级的重要触发因素，因此我想更深入地探讨尊重在我们生活中的重要性。

为什么尊重很重要

尊重往往与生存有关。我们一起回顾一下有关尊重的诸多历史案例，以便从多视角来理解这个论点。历史上，直到 19 世纪末，决斗是完全被社会所接受的。这通常是一方感到不受尊重后为捍卫自己的荣誉而发起的。众所周知，史上最令人瞩目的决斗之一是阿伦·伯尔和亚历山大·汉密尔顿之间的决斗。两个人历来有政治分歧。据说，触发这次事件的导火索是，汉密尔顿在晚宴上对伯尔发表了诋毁性的评论，随后当地报纸对此进行了报道。因为这些评论是对伯尔性格的人身攻击，并且汉密尔顿拒绝撤回言论，所以伯尔向汉密尔顿下战书，要求与汉密尔顿于1804年7月11日在新泽西州威霍肯的悬崖上进行决斗。三年前，汉密尔顿的长子菲利普在这个地点进行决斗时被杀。三年后，汉密尔顿在同一地点受致命伤而死去。就是因为尊重问题，这些极其博学、卓有成就的人愿意去杀人或者被杀。你能想象如果200年前就存在各种社交媒体，这世界会是什么样子吗？

在尊重这个话题上，帮派成员之间绝对会因为"面子"而互相残杀。他们之间的面子包括肤色、地盘和声誉。在这种文化中，如果别人"不尊重"你，你就别无选择，只能向对方发起"决斗"。同样，监狱中的囚犯也会为了赢得尊重而相互对抗。重刑犯奥鲁瓦斯甘·艾克山亚在接受访谈时说："我被指控二级谋杀。这相当于给了我某种尊严，因此其他囚犯一般不会主动冒犯我。"㊀接受自己不受尊重被视为弱者的表现，也就是软弱。

㊀ S. Akinsanya, "A History of Violence," *Toronto Life*, January 21, 2016, https://torontolife.com/city/life/my-life-in-street-gangs/.

/ 第 8 章 /
情绪按钮管理

放眼更大的范围，在革命、战争中，尊重人权这一号召经常发挥重要作用。比如，美国独立战争、美国内战都是如此。另外一个典型的地缘政治的例子是 2018 年美国和伊朗之间关于核问题的谈判。伊朗外交部部长穆罕默德·贾瓦德·扎里夫说："开始谈判的必要条件是相互尊重，而非相互信任。"㊀

不幸的是，我们还可以从一个人如何结束自己生命的角度，来找寻尊重与生死之间的关系。纵观日本的历史，自杀一直被视为通过赎罪来恢复荣誉、获得尊重的一种手段。战败的时候，武士经常会自杀以维护自己的荣誉。更极端的是"荣誉谋杀"的概念。"荣誉谋杀"是指一个人可能会觉得杀死某位给家庭带来耻辱的家庭成员是他的责任。因此，无论是在个人、帮派、国家还是全球层面，尊重都是生死攸关的话题。

话题回到职场上。为什么你觉得受到同事的尊重会如此重要呢？因为当我们受到尊重时，就会觉得自己有价值，

㊀ K. Hjelmgaard, "Iran Open to Talks with US if Trump Changes Approach to Nuclear Deal, Top Diplomat Says," *USA Today*, November 15, 2017, https://www.usatoday.com/story/news/world/2018/11/05/iran-united-states-president-donald-trump-nuclear-deal-foreign-minister-mohammad-javad-zarif/1859375002/.

这会转化为安全感。那些个人业绩、贡献受到重视的人往往会得到晋升,而不是被解雇。尊重也等同于影响力和权力。想想你最尊敬的某个人,你会发现这个人对你的影响也是最大的;反之亦然。在工作中我们越受尊重,就越有可能被任命到领导职位,我们对组织和其他人的影响就会越大。

不被尊重的体验可以来自于多种情况:当我们感到被排除在谈话之外,没有被提名晋升,被隐瞒信息,贡献被最小化,被他人利用,意见被忽视,等等。在这些情况下,我们感觉自己在组织中的职位、地位变得不确定,没有安全感。当我们从他人的言行中感受到对方不尊重甚至贬损自己,我们会感到身心疲惫、产生焦虑。在求生本能的影响下,人们往往会积极捍卫自己的立场并试图证明他人是错误的。虽然合作是沟通的目标,但是一旦我们进入到某种心态中,在心里把对方描绘成自己的对手,这种心态会引导我们准备对抗。**在这种心态下,即便对方伸出的是橄榄枝,也会被当作一根棍子。**

顺便说一句,你有没有注意过:同样的一些(个)人、同样的问题会一次又一次地激怒我们?明明知道是什么人、什么事会触发我们,但我们仍然放任自己因为他们而生气

/ 第 8 章 /
情绪按钮管理

和沮丧。同样的故事以同样的结局不断上演。就像每次查理·布朗都冲着橄榄球跑过来，而露西总是把球踢走那样，查理·布朗对露西的所作所为很生气。我们什么时候能从过往中吸取教训呢？

我的好友约翰的工作克星是菲奥娜。和任何好朋友一样，当需要发泄情绪时，他就会给我打电话。"保罗，你知道菲奥娜今天做了什么……该死的，你能相信吗？"通常情况下，我仅仅是倾听、报以同情。但有一天我回答说："对的，这些年来，菲奥娜似乎一直在这样做。我不明白的是：为什么这些事总是让你感到惊讶和困扰呢？"他花了一段时间去调整。当问题再次出现的时候，他心里想："菲奥娜就是菲奥娜。这就是她干得出的事情！"你的生活中有菲奥娜吗？通过努力和刻意的练习，你能够改变自己的心态以及思考和回应他人的方式关于这一点，我们将在下一章中讨论。

掌控你的情绪和反应

当有人按下你的情绪按钮时，你通常会如何反应？你是去防御，被动地攻击，还是发起主动攻击？你是否会提高音量、把邮件抄送给很多人让对方难堪、故意"忘记"

邀请对方参加会议、八卦对方的隐私、屏蔽她的信息，或者更糟的，提供误导性信息？你是否曾经花时间充分考虑过你的反应的影响，包括其他人会如何看待你？本能的回应可能会给你带来负面影响，尤其是当你的回应是公开的，比如和同事表达对某个人的负面评价时。

你有没有说过让你后悔的话或做过让你后悔的事？我知道我有过。几乎在所有情况下，轻率的反应都会加剧局势的紧张。我们越了解情绪按钮的触发机制，就越有能力在面对它们时控制自己的情绪和反应，这样就越不可能说出或做出导致冲突升级的话语或事情。当你可以控制自己的情绪、不受他人的言行影响时，你的生活就会容易得多。你应该是"不可动摇的"。

只有你听进去的言语才会伤害你。正如那句名言所说："棍棒和石头可以打断我的骨头，但言语永远不会伤害我。"他人的言行是否会伤害你，完全取决于你自己。理解并完全接受这一点非常重要。没有人能左右你有的感觉。抱怨说是你的老板让你生气、沮丧，其实是一种无能和虚伪，是一种逃避对你自己的感受负责的做法。把你的感受归咎于某人，放弃你掌控自己情绪的权力，只会升级冲突。例如，也许我们特别想和对方说："你快把我逼疯了！"但是，

/ 第 8 章 /
情绪按钮管理

千万不要这样做，否则你可能会得到这样的回应："不，是你把自己逼疯了。因为你知道我是对的。"如果你希望平息情绪，首先要对它们承担全部责任——不管你是否愿意。如果你能够完全掌控自己的感受，那么你就可以控制自己对他人的反应，无论他们说什么或做什么。意识到可以独立于他人来控制自己的情绪，会让你觉得受到启发、获得力量。努力做到在所有情况下都对自己的情绪和行为负责。

人们总喜欢说要努力做好很多事情，比如变得更健康、更有条理，要省钱，要戒掉拖延症。事实上，我们承诺要努力做到的恰恰是我们在生活中实际存在的问题。如果你一直承诺要去戒烟，但是你实际上一直在吸烟，那么你实际上是承诺自己去吸烟。如果你承诺绝不拖延，但实际上你仍继续把重要的任务拖到最后一分钟才完成，那么显然你实际上是致力于拖延。如果你承诺自己会与同事建立合作关系，但实际上你继续和其他人争论、说对方的坏话，那么你实际上就是在致力于建立一种非专业和不健康的关系。事实就是这样：只有当你的言行和自己的意图一致时，你才可以称之为承诺。例如，如果在任何情况下你都能做到诚实、信守诺言，那么你就是在践行自己要成为一名正直的人的承诺。如果你想成为一个正直的人，那么就必须在任何情况下都保持正直。只有做到和没做到两种情况，不因场合、情境的改变而不同。

那么，不管其他人说什么做什么，你是否都致力于对自己的情绪百分百负责呢？还是说，有时你会选择放弃你的权力，让其他人来控制你的情绪按钮？如果是这样的话，在和同事发生分歧的时候，你就可以随意做出反应，不论这种反应是否专业。为什么不呢？这样你就为自己的不恰当言行找到了理由，你责怪对方，而不是让自己负责。接下来，你还可以使用前文讨论过的那些触发情绪按钮的语言，给冲突火上浇油。只有这样才能回应那些固执、以自我为中心的同事！真实情况是，在任何情况下，你都可以选择如何应对。你不是一个依附于他人绳索上、被操控的傀儡。不要找借口说你情绪失控是因为被别人"牵着鼻子走"，因为绳子其实掌握在你的手中。

如果你希望对自己的想法、感受以及回应他人的方式全面负责，那么就需要确保自己言行一致。当有人说"你知道你在说什么吗"，或者某人在背后诋毁你，或者在会议中有人不断地打断你，或者某人在做出激怒你的言行的时候，你都能够深呼吸一口气然后给予职业的回应。这并不意味着你纵容他人的不良行为而不解决它。这意味着你将

/ 第 8 章 /
情绪按钮管理

尊重自己的承诺并以一种成熟的、促进健康关系的方式去化解矛盾,而不是升级冲突。如果某位同事开始提高嗓门或批评你的想法,与其生气和报复,不如以冷静、尊重和直率的方式予以回应。

当你试图调整自己的行为,特别是处在强烈情绪中的时候,非常重要的一点是在一开始就给自己设置一个提示语。一个非常简单的做法就是在便利贴上写下这样一句话:"我承诺要对自己的想法、情绪和反应负全责。"然后把它贴在你的镜子或冰箱上,每天早晨阅读一下。此外,如果某位同事一直和你对着干,你担心和他的谈话、互动会不愉快,那么在与他沟通之前先读一读自己的这个提示语。为了让自己更负责任,你可以把自己的承诺分享给值得信赖的朋友、同事。这样,当你的行为与承诺不一致的时候,对方就可以用你的提示语来提醒你。

如果你真的想有所改变,可以邀请与你关系最紧张的人进行交谈,并说一些类似这样的话:"我知道过去我总是和你争论。我们意见不同时我会很沮丧。我想为这样的行为道歉。我想告诉你,我承诺日后我们谈话时我会保持冷静和专业。如果以后你觉得我的表现并非如此,请提醒我一下。"或者你可以这样说:"我承认过去没有充分听取你的观点,并为此向你道歉。我现在承诺未来会做到认真倾听你的看法。如果你发现我没有做到这一点,请告诉我。"

如果你这么说,会给同事造成什么影响呢?又会给你造成什么影响呢?在几秒钟内,你就可以彻底改变一段关系。就是这么简单。这就是令人难以置信的赋能,它消除了你完全被别人的话语摆布的感觉。

冥想:平息心中的喋喋不休

我猜你可能体验过因过于激动而呼吸困难这种事。这通常发生在情绪极好或极坏的时候,例如惊喜求婚或差点出车祸。通常情况下的事情不会这么极端,但如果某些严重冲突发生时,我们的交感神经系统就会开始发挥作用并释放一系列压力荷尔蒙。这反过来又会导致一系列生理反应,例如呼吸浅促、瞳孔放大以及心率和血压升高。当身体处于这种求生模式时,我们就会做出本能反应,而不会理性地考虑客观事实、周围环境、抉择或行为的后果。

当你的情绪被触发时,情绪会像一股波浪一样向你袭来。但是,有别于掉进大海里,不要屏住呼吸!这个时候,保持冷静、避免激活交感神经系统最好、最有效的方法之一就是:控制呼吸。众所周知,冥想练习对心理、情感和

/ 第 8 章 /
情绪按钮管理

身体有诸多好处，包括减轻压力、减少焦虑。有几种不同的冥想形式，包括超验冥想、观想冥想和正念。在此，本书仅仅介绍一些概念，如果你能去了解更多的详细内容，相信一定会受益匪浅。这些技巧可以在你情绪激动时帮助你保持平静以及降低激活交感神经系统的可能性。

超验冥想

超验冥想（transcendental meditation），是印度大师玛哈里希·玛赫西·优济在 20 世纪 50 年代开发的。该冥想需要使用某句真言（mantra），通常每天练习两次，闭眼坐姿，每次 20 分钟。这句真言可以是声音、单词、短语，甚至是一首诗或一句话，就像宗教的祈祷文。一般来说，无论你选择什么真言，都应该以积极、平静和肯定生命的方式使之与自己产生共鸣。简而言之，它应该让你感觉良好。在 20 分钟的练习过程中，配合深呼吸一遍又一遍地重复真言。通常情况下是默念的；但也可以口述，甚至可以咏唱。为了集中精力，可以适当地强调某个音节、单词。如果你感兴趣，可以尝试以下的步骤：

1. 找一个对你有帮助的真言。网上有很多例子。如果不知道用什么词，可以用非常简单的词，如"安静"。

2. 找一个安静、舒适的地方，尽可能不受干扰。

3. 坐姿舒适，背部挺直，肩膀放松。

4. 轻轻闭上眼睛。

5. 设定一个目标，例如，让你的心平静下来或试图自我修复。

6. 开始通过鼻子缓慢而深地吸气、呼气。始终专注于呼吸以及空气进入身体并充满肺部的感觉。

7. 完全呼气，要彻底，让空气彻底离开身体。寻求一种全身心地专注在当下的体验与感受的状态。如果有杂念出现，只需承认它们的存在；然后轻轻地重新聚焦于你的呼吸。不要评判自己。不要去想自己的这次练习是"好"还是"坏"。实际上，你就是你，无所谓好坏。

8. 深呼吸几分钟之后，当你感到放松和平静的时候，在吸气的时候默念真言。具体时间根据自己的需要来调节，只要是不觉得太匆忙或有压力就好。要知道你一生中已经不费吹灰之力地进行了数百万次呼吸。

9. 一般来说，练习时长为 20 分钟。如果你觉得有点长，可以先从 5 分钟开始，然后逐步延长时间。如果你担心忘记时间，可以用手机设置一个计时器。如果可以的话，设置声音柔和的闹钟，例如钟声或鸟叫声。在冥想期间把

/第8章/
情绪按钮管理

手机调为静音状态并使其远离视线。

10. 结束后，慢慢睁开眼睛，保持坐姿并平静一两分钟，然后再起身。每天练习2~3次，也可以在有压力的互动之前练习。

观想冥想

针对观想冥想（visualization）的一般性练习已经有深入的研究。研究发现它可以在很多情形下有效提高肌体机能。顾名思义，这种冥想方法就是在各种条件下想象自己成功做到某事时的样子。许多专业运动员都会使用该方法。例如，奥运会滑雪运动员、金牌得主林赛·沃恩说，在她开始正式比赛前，她已经将某些动作在脑海中演练了100次，包括在比赛期间如何调整呼吸以及如何转移重心。㊀

工作中，你可以用观想冥想的方法来准备某次重要的演讲。你可以生动形象地想象一下自己如何走进会议室，自信地演示、互动，有效地回答问题，然后在演讲后得到

㊀ Anna Williams, "8 Successful People Who Use the Power of Visualization," mbgmindfulness, March 2020, https://www.mindbodygreen.com/0-20630/8-successful-people-who-use-the-power-of-visualization.html.

参与者的掌声。显然，就像沃恩一样，你可以在脑海中多次重复这个场景来提升你的信心和精神状态。

可以把观想冥想用于困难对话中，想象一下从第一句话到最后一句话的整个交流过程。在整个冥想过程中，用深呼吸来帮助你保持冷静和专注。观想冥想这种方式，除了应用于未来的经历，还可以帮助你想象过去的经历，同样很有效果。回想过去经历中那些情绪激动、没有能够控制住自己行为的场景。在脑海中重新体验这些经历，直到想象出自己能够在这些场景中保持平静为止。我发现，如果一遍又一遍地这样做，就可以消除记忆中的刺痛，并为日后出现类似情况做好准备。

正念

超验冥想和观想冥想都需要事先计划，但正念不需要。你可以在任何时间、任何情况下练习它。简而言之，它就是指站在没有任何感情、超然的视角上，把注意力集中在当下。这就好像你是一个旁观者，只是在没有任何主观判断的情况下观看一个场景。例如，想象你被经理训斥的场景。你不能生气、沮丧，你要像第三者一样观察正在发生的事情。你能感知到你站在原地，注视着高声讲话的老板。

第 8 章
情绪按钮管理

他指责你没能及时跟进潜在客户从而导致交易失败。你继续深呼吸并保持冷静，不要对你自己、你老板或任何情况做价值判断。在这种情况下使用正念，你能够更好地、更清晰地、更有策略地思考，并能以更理性、更有智慧的方式做出回应。类似于观想冥想的练习，你可以在你的脑海中一遍又一遍地重现这样的场景。这个时候，你就是在为自己的"奥运会"做准备。

减轻压力

有很多视觉提示器可以帮你在高压情况下保持冷静。亲人、宠物的照片会提醒我们什么才是真正重要的，帮助我们把压力控制在可掌控的程度。类似地，回想记忆中的快乐时光和有趣的事件，也能够起到同样的作用。坦率地说，其实任何能让你微笑的事情都是有帮助的。除了视觉上的提醒之外，还有许多其他活动可以降低你的压力水平：有些人喜欢听舒缓的音乐；体育活动是另一种流行的减压方法；简单地在外面散散步也是非常有益的。其他减轻压力的方法包括烹饪、做园艺、看最喜欢的电视节目或电影、与宠物玩耍、与朋友或家人交谈、制作艺术品或手工艺品、写日记或小睡。也许某个实物也能帮到你，例如来自亲人的纪念品。在面临压力大的谈话或情况时，任何可以让你觉得放松、感到安全和清晰思考的事物都会对你产生重要的影响。找出并写下这些让你觉得平静的事物。当然，更重要的是要使用它们！

知道何时获得时间和距离

情绪激动的时候，最关键的第一步是（如果可能的话，）从物理上让自己离开现场。暂停一下。我父亲曾在空军担任飞行教官，他教导年轻的飞行员，当出现问题的时候，首先要做的是把自己的手放在屁股底下，而不是开始匆忙地拉杆或按按钮。先让自己冷静下来，评估情况，然后再考虑你的选择。

当你特别激动，尤其是措手不及时，最好的策略就是把自己从情境中拉出来。这样的物理距离不用很远；可能把办公室的门关上（不是砰地关上）就能起作用。当然，在电话会议的时候关闭视频、"挂断"一下，也是简而易行的解决方案。根据情况，这种"暂停"可能只是在你自己的大脑里持续几秒钟，也可能需要几分钟、几小时不与其他人互动的独处时间。（当然，如果超过一两天，那你就是在进行沉默疗法了。）短时间的暂停会让你和对方都有机会

/第8章/
情绪按钮管理

冷静下来并考虑用最有建设性的方式来重新互动。

如果一位同事突然接近你并开始谈话，而你却毫无准备，这个时候你可能会尴尬，或者难以获得所需的空间。你可以尝试使用以下的话语，它们或许可以帮你"脱身"：

1. 我很想谈谈这个事情，但现在我要去参加另外一个会议，马上要迟到了。

2. 确实是，这对我们的讨论很重要。明天你什么时候更方便呢？

3. 很高兴你提出这个问题。我看一下我的日程安排，然后发会议邀请给你。

4. 的确，这对我们来说很重要，我们应该讨论一下。但是我正在忙别的事情。我想确保对此事给予应有的关注。所以，我想等我能更清楚地集中注意力的时候再讨论一下。我们今天下午碰头怎么样？

5. 哇，这对我来说是个新闻。我需要更多的信息才能给你答案。

6. 我们的同事苏应该会参与这次讨论。我来联系她，然后回复你。

如果是电子邮件或短信发过来的信息，不用立即回复。事实上，如果你觉得有必要立刻回复，这倒是提醒你：应该等一下再回复！

小　结

健康而富有成效的对话往往有赖于大家保持冷静。我们都有情绪触发点——他人的某些言行总是会让我们血压升高。这是客观事实。同时，我们都无法预判令人沮丧和愤怒的情形何时会发生。但你能够选择你的反应方式以及应对不同的人和事时你是谁。不论谈话会如何进展，面对会触发情绪的言行，能够保持冷静，就已经比过去进步很多了。

接下来

你会用一种什么样的心态去面对困难的对话？你依旧心怀畏惧，还是将其视为建立更加紧密协作关系的一次机会？在一场困难的对话中，你的心态对结果至关重要。接下来，我们用开放的心态去阅读下一章！

/ 第 8 章 /
情绪按钮管理

自我反思

1. 什么事情会让你感到特别不受尊重？你会如何回应它？你会对自己说些什么来防止自己的情绪爆发？

2. 在你的生活中，是否有类似菲奥娜那样总能引爆你情绪的人？怎样才能让自己不再条件反射般地做出回应？未来你会如何做出不同的回应？

3. 在过往经历中，你是否曾经对自己说要信守对自己的承诺，但你的行为却讲了另外一个故事？如果有过，你希望全心投入重新捡起你的承诺吗？如果希望，你会采取哪些不同的措施来让自己言行合一，实现承诺？

4. 一个策略是否有效，只有试一下才能知道。如果你以前没有尝试过冥想，现在应该试试！从过往的经历中回想一段你难以控制自己情绪的片段。然后运用呼吸和观想冥想的方法，设想一下你现在会如何应对该情况。或者找一个当前遇到的问题，运用超验冥想和观想冥想的方法设计你和他人进行的一场健康的对话。请记住，为了成功，你必须多次练习这种脑海中的视觉化呈现。

第 9 章
积极参与的心态

对即将到来的事件的态度会明显影响我们的感受。你是否有过这样的经历：你明明很讨厌某次聚会，却因为遇到某位重要的人物说这次聚会很有意思，并被他硬生生地拉了过去，你去了之后竟然惊讶地发现自己居然真的挺开心的？这种情况多吗？可能很少有这种情况。如果我们认为自己将会很痛苦，那么必定就会很痛苦，甚至更可悲的是，我们所谓的痛苦仅仅是为了证明对方是错的。如果我们相信某件事会以某种方式发展，我们就会沿着实现该预言的方式行事。同样，困难的对话进行得如何很大程度上取决于我们的心态。为此，本章节会提供一些建议，让你能在面对情绪激动的谈话时，依然保持开放和积极参与的心态。

转变为积极参与的心态需要重新调整你的态度和方法，才能应对你认为具有挑战性的对话。和你不会注意到存在认知偏见一样，你并没有意识到自己当前的态度可能会让

/ 第 9 章 /
积极参与的心态

冲突升级而不是促进合作。好消息是,你完全可以控制自己的心态,并在今天就做出积极的改变以改善你的交流效果。这将对未来的任何对话都产生积极的影响。如果想要持久的改变,就要改变自己一直默认的思维方式,这需要时间和练习。但这些改变会给你的人生带来积极的影响。阅读下文的提示,并尝试把它们应用到当前会遇到的情境中,应用到某个特定的人的身上。

选择协作而非对抗的心态

也许对话不顺利的最大原因是我们认为它会不顺利。知道自己必须和一个讨厌的人讨论某个双方有分歧的问题时,老实说,我的第一想法也并不是积极的。事实是,我会害怕它、抵触它。当我们预期情况会变得很糟糕时,事情就会变成这样。事实上,我们甚至已经在对话开始之前就已经给它判了死刑。消极的心态会引发各种非协作的想法和行为,还会臆想对方将会采取何种卑劣的手段与你对抗。面对对方有敌意的对话,要能够提前认知你自己的默认心态并着手去改变它。放弃那些自动冒出的想法,想象你在和另一个人进行平静、开放、合作的讨论。换言之,要预设去进行的是健康的对话。当你这样做时,就会展示出截然不同的你，而且对方也肯定能看得到。

对对话负全责

生活中，对于人际关系如何发展，我们经常假设自己只承担50%的责任。同理，对于谈话的结果我们也认为自己只需承担50%的责任。因此，当事情进展不顺利的时候，这种心态就会让我们去责怪对方。我们会对自己说："我尽力了。如果他不想合作，我也无能为力。"但是，如果为对话负全责——从对话如何开始到如何进行、再到如何结束，结果又会怎样呢？如果不管对方如何表现，你都全力以赴地让一场困难的对话顺利进行下去，这对你来说就是一种积极的赋能。这样做的结果肯定是更有利的。因此，解决问题不是仅仅解决自己这一半，而是要负全责。

找到正确看待问题的角度

在儿童故事《四眼小鸡》中，主角看到天上落下一颗橡子就误认为天塌了，于是散布了不必要的恐慌谣言。一般来说，正确看待问题很重要；当涉及困难的对话时，这一点显得尤其重要。回想一下那些曾经引发灾难性思维和

第9章
积极参与的心态

重大痛苦的经历。在我反思自己的经历时，我发现当时感觉好像天要塌了，世界就要结束了。回想起来，面对那些情形时，尽管我有足够的理由感到失望、灰心，但我还是认为我的反应过度了，以至于招来更多的焦虑和一些不必要的麻烦。未来如果棘手的问题出现，需要开展困难对话去解决的时候，可以回想一下类似的情况，然后提醒自己：你曾经很好地解决过这些问题。实际上，你会发现过往的经历比当下的事情更具有挑战性。因此，最重要的是，通过关注真正重要的事情来正确看待问题。真正重要的事情就是你、你爱的人的健康和福祉。

摒弃"输赢"思维

在争论中，我们常常有一种心态，即争论只有一个"赢家"。这被称为零和思维。为此，我们就会拼命地试图让对方犯错，这样我们才能成为正确的一方。这自然就会导致局面紧张并加剧冲突。实际上，谁"对"谁"错"完全是主观的和情境化的。双方都可能对，也可能都不对，或者双方都部分对。问题首先在于双方判断是非的标准不同。每一方通常都会站在自身利益最大化的立场上来评定"对错"。这种评估是根据个人当时已知的一系列事实和情况做出的，当然，这些事实和情况也可能会发生变化。例如，销售人员想主推一款高利润的产品，但目前的情况是：生产该产品的原材料短缺并且价格昂贵。另一方面，工厂经理手里可能有某种特定材料过剩，他希望减少该物品的库存。因此，不论是从销售的角度还是从工厂的角度来看，某个决定都会是正确的。然而，市场需求、运输、原材料的可用性、成本和产品多样性目标等因素都会发生变化，会影响双方的观点。总体来看，很少有让所有利益相关者都获益的"正确"决定。归根结底，我们的心态不应该是评判谁对谁错，而是去评判什么决定才能让整个组织和客户的利益最大化。

聚焦当下

不清楚你是否会这样，但我经常发现自己会分心、开小差。如果希望在关键对话中提高注意力，首先就要屏蔽明显的干扰，即关闭手机并不要去查看电子邮件。如果你遇到过你的对话方在不停地看手机、收发邮件的情况，你就会知道那种特别不受尊重的感觉。我个人的经验是：为了避免分心，在任何重要会议开始前 15 分钟内，我不会查看电子邮件、短信或语音留言。为什么？因为我非常清楚，

/ 第9章 /
积极参与的心态

有可能会收到一条私人的或工作方面的信息,它会打断我的思绪,但在当下我肯定无暇顾及。

如果在关键对话之前发现自己走神了,就要把你的思绪拉回来,告诉自己你会在之后处理其他问题。我的一个技巧是在日历上预先安排时间去处理它。这听起来会很傻,但实际上效果很好。我也使用"清空"的技术。"清空"其实很简单:与同事或朋友分享自己不安的想法,让思绪清空以专注于当下。

这样做之后,你会发现自己更容易辨别问题、更专注于即将进行的对话。正如前一章所述,练习正念是聚焦当下的好方法。

克服先入为主的倾听习惯

如前文所述,在与他人打交道的过程中,我们会自动过滤听到的内容。如果某位同事总是批评你的工作,那么你的偏见就会让你只是听见(或读到)他表达的贬义词。如果有几个人很早就给你留下了很难打交道的印象,那你就会不自觉地担心在未来与他们的交往中会遇到不少麻烦。甚至在讨论开始之前,你们对谈话不同的预期已经破坏了讨论的结果。因此,当面对困难的对话时,你要认识到这种偏见，并尽可能地在倾听时保持客观。

保持好奇

与经常和自己有分歧或者与自己讨厌的人交谈时，我们往往会听不进去。其实对方也知道。为什么呢？因为我们确信自己已经知道对方想要说什么了。也许专业人士具备读心术，但我们没有。我们都知道积极倾听很重要，但当面对偏见、各种分神的事、紧锣密鼓的日程和不幸被误导的同事的时候，我们应该怎么做呢？积极倾听的关键是对他人要说的话充满好奇。这将彻底改变你的倾听和他人被倾听的体验。你的好奇心会激发他人的好奇心。当你发现自己在想"我已经知道她要说什么"的时候，就有意识地把这个想法转换成"我不知道她要说什么，我很好奇，想知道她要说什么"。每当与和自己有分歧的人交谈时，我都会提醒自己：这是我学习新事物的机会，并且这些信息可能会改变我的观点。我不担忧那些会常常改变自己观点的人；我担心的是那些在看到相反的新证据时仍不改变观点的人。每个人都不喜欢被证明自己是错误的，但是相比于思想封闭和无知，我宁愿选择前者。你会发现，在解决生活中方方面面的各种分歧时，始终保持好奇心态

/ 第 9 章 /
积极参与的心态

会产生深远的积极影响。

对事不对人

在争论中,人们往往花更多的时间在互相指责和攻击上,而不是专注于讨论的问题。而一旦人们开始互相指责,就会导致情绪失控,随之就会缺少冷静和理性的对话。想象一下孩子们在打架时,如果有一位父母走进来问:"这里发生了什么!"一个孩子会说:"是他先动手的。"另一个孩子也会说:"是她先动手的。"事实上,你的老板不在乎是谁先开始失控的,他所关心的只是找出可能的最佳解决方案并采取行动。显然,这在相互指责、攻击的对抗中永远不会发生。

甩掉自高自大

现实生活中,在与他人讨论时,我们可能仅仅是对本专业有更多的知识而已。但有时我们会这样说:"保罗,我比你有更多的经验或专业知识,所以请听一下我的想法。"如果你曾经像保罗一样,遇到过对方这样的评论或态度,你就会知道它是多么有攻击性,多么能煽起人们的负面情绪。我不知道你会如何回应，反正我是不会说："约翰，你说得完全正确。对不起，我的想法很无知，浪费了你的时间。请你教教我。"当然，如果你真的很了解某个主题，可以借机给别人培训一下，但不要以居高临下的方式去做。你可以试着说："小米，对于如何应对这种情况，我有过很多经验。我想和你分享一下，看看这些经验在这里是否适用。"记住，更重要的是，当他人在某个主题上比你拥有更多专业知识时，你就要去承认和给予认可，并愿意向他人学习。

去除"我是老大"的心态

如果你打算促进协作，这种"我要告诉他谁才是老板"的心态显然是可怕的。它类似于"我是老大我做主"的思路。我曾经和一个女士一起工作，她总是喜欢说："做事有两种方式，我的方式和我的方式。"这种姿态会引来怨恨和抗拒，也是对他人的不尊重。特别是当你处于领导地位时，你应该始终保持合作伙伴的心态。否则，你得到的只是单方面的信息传递。记住：你应该永远保持谦逊，而不是觉得"我比任何人都强"。

第9章
积极参与的心态

换位思考

在培养积极正面的关系、处理人际冲突方面,同理心发挥着重要的作用。同理心让我们能够站在别人的立场、角度上去感知、体会同样的事情,理解对方的不安、担忧等感觉。有的时候,与我们发生冲突的人的处境实际上很艰难。例如,某人犯了一个错误。他因为害怕被解雇而拼命试图去掩饰。如果这个时候,你能表现出来一些同理心,你们之间的对话一定能促进合作。

假设你不了解事情全貌

你是否有过这样的经历:你和某人发生激烈的讨论,然后你们发现其实大家都不了解全部的情况?许多冲突的产生是因为人们认为自己掌握了全部事实,而实际上并不是。我的建议是:带着"假设你不了解事情全貌"的心态去参加关键对话。你当然不知道那些你不知道的东西。开启对话的一个好方法是说:"让我先分享一下我对该情况的了解,如果有什么遗漏或错误的地方,你可以告诉我。"这就是促进健康对话的方式!

假设你没有最佳答案

一个特别危险的心态就是相信你有最好的答案。我曾经向我辅导的一位工厂经理提问他最大的缺点是什么。他回答说,他认为自己总是对的,这让他无法倾听员工的想法,也无法提出更好的解决方案。公平地说,许多经理、领导者和企业家总是相信他们有最好的答案。当然,一般来说确实如此。然而,如果他们不能收集、倾听他人的想法,他们就不会知道自己的想法哪些方面还可以改进。此外,单方面的决策往往清楚地向员工传递了这样的信息:你们的想法很差、不成熟。这会导致员工士气低落和敬业度降低。如果某个决策会影响某些员工,但在做出决策之前领导层没有征求过他们的意见,这就会削弱他们的主人翁责任感。在询问团队成员的想法和建议时,永远不要先抛出你的想法和建议,因为这样做会减少员工回应的数量和多样性。此外,不要用这样的表述"我们以前尝试过,但没有奏效";也不要对他人的意见过于挑剔,因为这样做会让员工不再贡献想法。如果你已经下定决心,那就定下来。如果仅仅是询问他人的想法而根本就不打算采纳,那才是浪费他人时间、打击员工士气、不尊重他人的行为。

/ 第 9 章 /
积极参与的心态

考虑你可能错了

快速思考一下,你犯错的概率有多大?我想说的是,在进行关键对话之前和期间,要想到你坚持的想法可能会存在某种缺陷。相信我,你可能很难接受这一点,但持有这种心态会让你避免一味固执地坚持某个做法。想象一下这样做会有什么影响:在激烈的对话中,你可以自言自语,或者索性大声说出来,"你知道吗,也许是我错了"。这并不意味着要放弃你的立场;而是在表明你是抱着开放的心态来考虑更多的事实以及对方的观点。如果此时你的对手对你这么说,你会如何回应呢?

专注于可能的事情

如果你喜欢用彩笔做标记,我建议你把这句话标记下来。在很多私人的和职业的场景里,这种心态都很有用。回想一下,有过多少次你提出请求之后,对方回答说"不,那不可能"?我不清楚你的感受,但这样的回应会让我感到非常沮丧。这让我感觉对方在试图关闭对话的大门。我觉得这很粗鲁。当面对这种口头的终止信号时,我会回答:

"我明白了。这个选项不可能。接下来，我想讨论一下什么是可能的。"这种回答会让对话继续下去，并且更有利于达成一致的解决方案。事实上，有时结局比你最初设想的更好。

分享你的观点

正如我在认知偏见章节中所讨论的那样，你对世界的看法与他人的截然不同；反之，他人的世界观与你的亦会不同。站在建设性、合作性对话的前提下，接受以下的信念是至关重要的：你的观点、意见并不比其他人的更正确。同样，你的真理不一定是别人的真理。只要听听那些政治辩论就能发现：即便是完全相同的事实、证据，不同的人也会得出完全不同的结论。因此，在对话中，尤其是在那些充满激动情绪的对话中，不要宣称你的观点是正确的。相反，请说："我想和你分享一下我的想法。"这样的表达体现出你很谦逊，愿意促进合作。

寻求进步

人际冲突往往是由于多次不理想的沟通交流，并随着

第9章
积极参与的心态

时间的推移而慢慢建立起来的。当你与同事关系紧张时，就不要抱有过高的期望；持续数周、数月甚至数年的不良情绪不会在一次谈话中神奇地消失。但是，你应该保持积极的心态，以便在每次讨论中都能取得进展。同样，在解决复杂问题时，摒弃一次对话能够解决所有问题的想法。这种想法不仅不现实，还可能会带来严重的挫败感。因此，要抱着寻求渐进式进步的心态。正如我喜欢说的：日进一步，日拱一卒。

让大家放轻松

几年前，我参加了一次研讨会。研讨会结束的时候，一位著名的演讲嘉宾指着我们每个人说："这就是我所知道的。这个房间里的每个人都在以各自所知道的最好的方式与世界相处。"每当我对某人感到沮丧或生气时，我都会用这句话提醒自己。没有人会在早上起床时说："今天很开心，我要出去让别人痛苦一下！"（如果你认识这样做的人，最好远离他。）生活中，几乎每个人都有很大的压力。例如，与财务相关的压力，与我们自己、我们所爱的人的健康有关的压力。除了工作之外，我们还有很多事情要做。如果你打算进行一次关键对话，试着这样调整你的心态：

假设坐在你对面的是一个体面、勤奋、带着善意的人,就像你一样,他正在以他所知道的最好的方式与世界相处。

顺便说一句,你也应该让自己放松一下。

小　结

我可能不了解你的个人情况,但我知道关于你非常重要的一点是:你有一种学习心态。这是至关重要的。在与难相处的人打交道、处理棘手的对话时,甚至在生活的方方面面中,开放的学习态度非常重要。本章有诸多的提示内容。它们能帮助你与思想封闭的人建立健康的对话和关系,并有助于提高你与同事进行健康对话的能力,无论对方的心态如何。

接下来

下一章中我会带给你具体的技巧和策略,让你能够把任何困难的对话变成健康的对话。好了,准备好你最喜欢的荧光笔,开始划重点了!

第 9 章
积极参与的心态

自我反思

1. 回想一下你曾经陷入困难对话的经历。当时你有哪些消极负面的心态?这些消极心态如何影响谈话的过程?

2. 在本章介绍的各种心态中,应用哪种方式对你最有挑战?为什么?你会如何克服阻力去培养这些心态?

3. 想象自己正在与某人进行激烈的讨论。此时哪种心态最重要?

4. 你即将和某位同事交谈,该同事在某个话题上与你有分歧。把本书介绍的每种心态都想象成一顶帽子。在参加会议之前,至少戴上其中的三顶。会议结束后,问问自己是否进行了健康而富有成效的对话,哪顶帽子最有帮助。

第 10 章
沟通技巧和策略

人际问题肯定不会自行消失的。俗话说，“期望不能作为一种策略”。你需要主动，不能只是干坐在那里期待改变发生而不去做任何事情。能否成功完成挑战性的对话，取决于一个人巧妙运用沟通战略、战术的能力。本章会提供进行健康和富有成效的对话所需的工具。尽管我希望你对这些工具已有所了解，但你肯定会遇到一些新的工具，把它们添加到你的个人对话工具箱里，熟悉它们，并做到能下意识地使用它们。应用和实施这些策略，甚至可以在第一时间避免困难对话的出现。一边阅读一边思考：如何把这些内容应用到你的日常互动之中。

着眼于事实

正如我在介绍认知偏见的章节中所谈的那样，人们对相同事实的解释会有非常明显的差异。首先应尽可能着眼于你所听到、所看到的事实。在开启困难对话之前，在关键事实上寻求共识。例如，"我想先确保大家对目前情况的看法是一致的。据我所知，亚历克斯曾经向金承诺过，他会让他的团队在夜班期间完成传送带的维护工作。但是金今天早上进来时，机器仍然处于停机状态。大家对此有什么异议吗？"从一开始就达成对事实的清晰的共识，有助于建立富有成效的协作对话。否则，对话就有可能陷入"你说一套，他说一套"的循环中。

关注现状并注意对他人的影响

在本书前面的章节中，我们讨论了逃避困难对话会对自身及其他团队成员产生的不良影响。提醒大家注意这一点是一项非常有益的策略，这会鼓励大家致力于解决问题而不是逃避它。例如，"汤姆，很显然我们之间存在着分歧。我们需要解决它们，最好是尽早解决。我担心我们之间的分歧正对其他员工产生不好的影响，比如胡安尼塔，她一直在接收相互矛盾的信息。我建议你和我一起直接处理问题，不要把其他团队成员牵扯进来。你看好不好？"这种技巧能够把谈话放在具体情境中，这可以帮助对方更加关注大局并更愿意达成解决方案。

愿意妥协

有些人的心态是他们从不妥协,并且会从谈话伊始就让你知道这一点。这些人就像倔强的驴子,自己闷头往前、不肯让步。如果你认识这样的人,就会理解和他们打交道多么具有挑战性。当然,你不要变成他们的样子。如果你不愿意妥协,说明你可能不屑于理解他人的观点、对与他人合作不太感兴趣。如果你觉得始终坚持自己的立场是一种很有效的策略,请参考一下华盛顿特区那些当选官员的工作方式。⊖我们应该先关注组织和客户的需求,然后再关注自己的需求。有些人认为妥协会导致双输的局面;这种情况我从来没有见过。妥协通常会产生更好的、双方都全力支持的或者至少部分支持的解决方案。取得进展肯定是好事,肯定比站在桌子两边怒目而视或者在过道里互相翻白眼强很多。归根结底,这关乎的是团队的赢而不是个人的赢,而妥协会达成团队的赢。

⊖ 指官员为了赢得竞选而宣传的方案在现实中根本无法施行,不得不做出妥协。——译者注

/ 第 10 章 /
沟通技巧和策略

大象？注意大象！

大象的大小、颜色有待商榷，但它的存在不容辩驳。你也许会很吃惊，但我建议在处理类似大象的问题时要直截了当，毕竟它们就在那里，没有任何伪装和掩饰。例如，如果我与某位同事一直在发生冲突，我就会说："我要把话挑明：我们的意见不一致，而且分歧已经存在很久了。别人告诉我，你在背后说我和我部门的坏话；当然，我也埋怨过你和你的团队。对此，我深表歉意。在我看来，我们的工作是为公司、为员工尽我们所能。如果我们不断地相互设置障碍，我们都无法做到这一点。我发现以前我更关注于怎么让你犯错，而不是用专业的表现为公司的最佳利益服务。从今天起，我承诺我会坦诚相待，尽可能地成为你最好的业务合作伙伴。如果我出现言行不一的情况，请随时告诉我。"如果你真诚地希望重新构建长期合作关系，就必须要正面解决这个问题。这并不代表过往的不快经历就此烟消云散，但是在不到 60 秒的时间内，你就可以把这段关系引导到完全不同的轨道上。顺便说一句，不要指望你的陈述能得到相应的回应。事实上，你甚至可能会得到这样的回应："我很高兴，你终于承认自己是个混蛋了！"

此时,你一定要沉住气。

切中主题

对话的时候要确保谈话始终保持正轨并专注于当前的主题。除非与解决当前的主题明显相关,否则不要提及过去的事情。因为人与人之间经常会有冲突的历史,因此人们很容易跑题并讨论其他历史遗留问题。如果你打算把谈话拉回正轨,可以试着说:"我同意,这绝对是我们应该解决的事情。然而,我们好像已经偏离了本次会议应该讨论的重点。我的想法是要么最后讨论这个话题,要么安排另一个时间来充分讨论它。你觉得怎样?"因此,事先明确会议的目的是很重要的,这将有助于防止议题飘忽不定。

简明扼要

沟通中,在切中主题的同时,还要尽可能简洁。大多数人都不太擅长倾听,尤其是当他们情绪激动的时候,此时,他们的注意力已经完全不在你的话语上。所以,这个时候你就要注意使用最简洁的表达。同样,当我们情绪激动时,我们也往往会胡言乱语一通,完全说不到点上。这

/ 第 10 章 /
沟通技巧和策略

之所以是一个问题,有以下几个原因。第一,这会导致关键点被淡化,听众找不到你的重点。第二,如果听众迫切想要针对你所说的内容发表评论或提问,他们就很难继续关注你所说的其他内容;此外,当他们有机会发言时,可能已经忘记了自己最想说的话,或者只是说了一些无关紧要的话。(与喜欢跑题的人互动时,把你的想法写在一张纸上,这样你就不必担心遗漏问题了。)第三,漫无目的的谈话会让听众觉得不受尊重,因为你只是一味地自我陶醉而忽略他人的感受。能简洁地表达观点的人被认为是知识渊博、自信和专业的。

像我这样特别外向的人很难做到简洁,因为我们喜欢边想边说。在重要的谈话或会议之前,我总是把自己的主要想法写在纸上,并练习尽可能简洁明了地表达这些想法。有时我也会向听众承认我说话有漫无边际的倾向,并希望对方能随时打断我。例如,我会说:"我可能会沉浸在自己的讲话之中,最终变成自己漫无边际地演讲。我其实并不想这样做。如果你发现了这种情况,请打断我。"

如果发现交谈的对方开始变得漫无目的,可以尝试用以下话术来打断对方:

- "很抱歉打断你,但我认为这点非常重要,我想借机表达一下我的看法。"
- "不好意思打断你,我想问一个问题。"
- "很抱歉,我希望我能完全理解你的建议。"

用这些话术故意打断对方后,你就更容易表达你的想法,而对方并不会觉得受到了冒犯。

极度清晰

富有成效的对话最忌讳模棱两可。通常,我们都会认为自己的表达很清楚,而实际上并不是这样。确保他人准确地理解了你表达的内容至关重要,尤其是在紧张的对话中。但如果问"你听明白了吗"这种问题就很糟糕。因为无论对方是否真的理解了,答案几乎都是"明白了"。根据沟通的语境,询问对方是否理解了这种问题感觉就像是智商测试一样,回答"否"意味着对方的智商不及格。在和直接下属交谈时尤其如此。他们因为害怕看起来很窘迫而不想承认自己其实还不明白。想知道对方是否已经理解的时候,要避免提出只需要回答"是"或"否"的封闭性问题。可以这样问:"有人告诉我,我的表达不是一直都很清晰明了的。为了确保我们的协作保持同步,你能谈谈你是

/ 第 10 章 /
沟通技巧和策略

如何理解我刚才所说的内容的吗?"作为一种主动性措施,每次我和新客户合作时,我都会提前说,如果我的表述不清楚或模棱两可,请告诉我。

专注于能够达成共识的部分

一般来说,在情绪化的对话中人们会更加关注意见分歧之处。实际上,你应该首先关注能够达成一致的部分,无论这种一致是多么地小。例如,"大家是否同意我们应该优先考虑的是让客户满意?"应该尽可能地表明你和对方要达成的最终结果是一致的。你甚至应该从那些存在分歧的部分里找到一致的观点(我知道这听起来很奇怪)。例如,"虽然我们在扩展业务的策略方面有所不同,但最重要的一点是我们都同意:我们需要扩展业务。"你们确定的共识越多,就越有可能合作而不是争论。不要一味地关注分歧之处!

持续自我监控

在整个对话过程中,把自己放在对方的角度上,检查自己、评估自己的行为。请时刻记住这句话:我为什么要

/ 高难度沟通 /
如何应对职场高冲突对话

来谈话？在进行自我评估的时候，问自己以下"我是否"的问题：

- 我是否真的给谈话增加了价值？
- 我是否给了对方足够的时间，让对方分享观点？
- 我是否真的在听对方说话，还是只是在听我脑子里的声音？
- 我是否真的愿意考虑不同的意见？
- 我是否让自己固有的偏见影响了判断？
- 我是否仅仅是在固执己见？
- 我是否不公平地评判了他人？
- 我是否提出了相关且有意义的问题，以了解对方的观点？
- 我是否在积极倾听并确保自己理解了对方？
- 我是否用肢体语言传递出充分的兴趣和尊重的信号？
- 我是否真的在为健康的对话努力？

一般来说，可以把自己放在他人的角度上，想象一下对方和你交流时是什么感觉。你感觉你已经表达清楚了吗？

/ 第 10 章 /
沟通技巧和策略

说你必须说的，不必要的话免谈

为困难对话做好准备是很重要的。它不仅可以帮你确定你要说的内容，还可以帮你明确不该说的内容。一般来说，尤其是在紧张的谈话中，如果你暗自琢磨"我不知道是否应该说出来这一点"，答案通常是"不要"。因为，如果你没有充分考虑好，那么潜在的不利因素往往多于有利因素。你可以日后准备好之后再分享自己关于这方面的评论和意见，但在沟通过程中你说出口的话便覆水难收。相信我，我已经试过无数次了。事中或事后辩解"我不是这个意思"，这句话并不能帮我摆脱窘境。知道什么时候不说话是一项重要的沟通技巧，往往可以决定谈话的成败。

坦诚相待

永远直截了当，但永远不要做一个坏人。当发觉对方在隐瞒信息或偷偷摸摸时，我们就会产生怀疑，然后信任程度就会降低。我们想知道对方的真实想法以及对方没有说出的其他内容。例如，想象一下你在做一个重要的演讲，然后你问一位同事她的想法。她回答说："我觉得挺好的。"

我不知道你会怎么想，但这不是我希望的答案。"挺好的"就是人们说的一句漂亮话。如果一位关系不错的同事向我提出这个问题，并希望获得建设性的反馈意见，我就会说："约翰，我就实话实说了。你似乎有点紧张，不像我曾经见过的你那样自信。而且，不幸的是，我不确定你是否如你希望的那样，清楚、有力地阐述了关键点。"虽然听到这样的声音会让我感到畏缩，但我总是很感激对方给我坦率的反馈，因为我知道这会让我变得更好。

随机应变

这个技巧有助于试探情况，并可能避免陷入困难的对话。例如，你打算调整工作流程，而这可能会影响同事或你的直接下属。显然，最糟糕的事情就是在没有征求对方意见的情况下直接做出决定。所以，你要和会被你影响的人谈一谈。如果你要讨论的话题是对方很关切的话题，那就要谨慎处理了。例如，你可以说："我一直在考虑某事并且很想听取你的意见。"这样的表述能够邀请对方加入对话，降低对方的防御心理，减少抵触的反应。当然，如果你已经做出了决定，就不要表现得好像还没有做出决定。否则，你可能真的会面对困难的对话！

/ 第 10 章 /
沟通技巧和策略

提问

在充满争议的谈话中，证明你对对方所说的话很投入、很感兴趣是至关重要的。提问是最简单易行的方法。问题越有针对性，就越表明你在倾听。不要说"我不知道你在说什么"。这是完全无益的。下面是一个能够澄清事实、有针对性的提问范例："你刚才说供应商以前从未这样做过。你可以说得更详细点吗？"显然，你提出的问题越多，就越能了解当下的情况以及他人的观点，从而促进协作并为解决问题提供信息。真诚提问是没有任何负面影响的。不幸的是，有时我们选择不去提问，因为我们觉得这样做可能会让自己显得不知情。如果我担心自己看起来很无知，我就会说："我知道这可能会暴露我的无知，但你能否帮我解读一下……吗？"顺便说一句，问这样的问题还有一个额外的好处，这样展示你薄弱的一面会有效减少冲突。

释义，释义，释义

在所有的沟通交流中，释义（paraphrasing）大概是最有效的技巧了。类似于提问，释义会让对方知道你在倾听和理解。它展示出尊重并促使对方积极倾听。你只需采用以下句子结构即可："让我来确保我听懂了,你是说……"这种表述应以冷静、客观和简洁的方式进行。此外,确保在对话时建立直接的眼神交流,因为这表明你在聚精会神地参与对话。提醒一句:当你在释义的时候,注意不要让对方认为是在打断和催促他们。当然,如果你的意图就是要打断谈话,那么释义也很有效。但是,如果你只是想表明自己很关注对方的意见,并在尽力理解对方所说的话,就应该等他说完后再开始释义。

展示自己薄弱的一面

有时,可以把示弱作为一种沟通策略,来缓解对话中的紧张局面或从一开始就防止紧张局面的出现。从心理上讲,如果你敞开心扉,就会降低对方的攻击性。动物王国的一个经典例子就是:一只狗会背部着地躺在地上并暴露它的腹部,这样门户大开的动作让它显得毫无攻击性(明确地说,我不建议在工作中这样做!)。这种策略在剑拔弩张的对话中非常有效,或者可以从一开始就防止紧张的对话出现。例如,你要处理某个事情,但是你担心可能会以错误的方式伤害到其他同事。你可以这样说:"坦白地说,我特别不好意思请你帮这个忙。但我想我已经江郎才尽了，我真的需要你的帮助。"俗语说，伸手不打笑脸人，当你用这种谦卑姿态出现时，对方想要发脾气都很难。

不要害怕说"我不知道"

在激烈的讨论中，人们可能会提出问题来试探对方，或者纯粹是为了让对方难堪一下。他们也可能会问这类问题——根本就没有最佳答案甚至不可能回答出来的问题。其实这些问题是用来吓唬或迷惑听众的。想象一下某人大声喊："真的吗？真的吗？你是这样想的吗?!"或者："既然你对这里的一切都了如指掌，那么请告诉我：那些备件是如何神奇地消失的!"在这种情况下，"我不知道"是一个完美的答案。但如果你想插入"但是"，就要小心了。如果你被问到："你真的知道我们是如何得到这些数字的吗？"一个好的回答是："我不知道。但如果你能帮我理解这一点，我会很感激。"而糟糕的回答是："我不知道，但我猜你知道。"还有一些反诘式的问题，是不必回应的。例如，"你知道这个答案有多愚蠢么？你知道这让我们公司看起来有多糟糕吗？"重要的一点是，如果你不知道问题的答案，就索性直言不讳地回答。如果对方坦率承认自己缺乏相应的知识，我反而会尊重他们。你呢？

让对方宣泄情绪

当你需要宣泄情绪的时候，我强烈建议你自己单独进行，也可以和朋友在一起，向他们倒苦水。但是有些情况，人们需要发泄，允许他们发泄可能正是最好的策略。当人们非常生气时，他们根本就没有任何进行对话的心情，对你的想法或需求也就不会感兴趣。这就需要给他人时间来表达他们的沮丧和疲惫。如果你了解拳王阿里创造的著名的"倚绳战术"，那你就知道我在说什么了。（这个战术就是，自己倚在拳击赛场边栏的绳子上，任由对方进攻，让对方打得筋疲力尽，最后再做出反击。）当有人发泄情绪时，只要听着，保持绝对冷静就好了。当他说完之后，你可以先表达一下同理心，然后开始系统地解决问题。例如，"你说得对。必须等六个星期才能报销是错误的，我也觉得特别不好。我会在谈话结束后立即处理此事。接下来，一旦我知道何时付款就会立即跟进。你看，还需要我做什么吗？"但是，无论你做什么，都不要说："你说完了吗？"很显然，如果某人的情绪宣泄升级到咄咄逼人乃至失控的态势，你就应该远离这个局面。当然很多时候，情绪宣泄出来之后，对话双方会少一些情绪、多一些冷静。

感同身受

在几乎所有情绪激动的谈话中，对方都感觉不到被理解。永远不要说，对方本来就不应该被理解。也不要说类似的话："我不知道你为什么就不高兴了。"或者："冷静一下吧，你就是在没事找事。"当人们感到被认可、被理解和受到尊重时，他们就会减少防御心态，变得更加愿意合作。如果你是一个真正善解人意的人，可以用下面这句话来认可对方的情绪："我完全理解你的感受。"当人们原本觉得能够达成协议、却又没有实现的时候，这种感同身受的表达特别合适。例如，经理承诺某些员工会有机会参与公司的高潜力项目，但当名单出来后却发现他们不在其中。很显然，这个时候就需要尽你所能地去解决、修复问题，或者用其他方式帮助对方理解事情背后的"原因"。如果该员工非常沮丧，甚至大吵大闹，你也不要说什么。如果你试图纠正他的感受，很可能就会遇到对方的辩驳。比如，"真的吗？真的！好吧，如果是这样，你一开始就应该阻止这一切！"如果你不是一个特别善解人意的人，最好就真诚地说:"我很抱歉让你有这种感觉。"

"我感到困惑和担心"

"我感到困惑和担心"这句话可以用于和诸多类型的人打交道——直接下属、同事、供应商、客户,甚至是你的老板。接下来,我给出一个与直接下属交流的详细示例。当然了,你可以根据实际情况调整对话。

想象一个场景:一位经理把任务分配给直接下属,但下属没有完成。多数情况下,经理都会指责员工:"你为什么没有做好?"即便是不同的语气,也会让人觉得非常不舒服,并且会产生防御心理。这种语气通常被认为是对人不对事。如果你认为该员工不称职、消极抵抗或者是故意捣乱,那就应该把他列入个人改进计划或解雇他。相反,如果你认为该员工是一个努力工作并且想要把事情做好的人,那我建议你采用不同的方法。首先,至关重要的是假设你并不是如己所愿的那样善于沟通,至少你的某些要求可能交代得不清楚。员工之所以没有完成任务,主要原因可能是一开始就没有完全理解任务要求。其次,假设你没有掌握所有事实。最后,提醒自己:你的工作是让团队成员发挥最大的作用;他们的失败就是你的失败。让他们感到无

/ 第 10 章 /
沟通技巧和策略

能或斥责他们不是你的工作职责,更不是好的解决办法。

如果你想成为一名支持型经理并希望帮助员工取得成功,就请使用"我感到困惑和担心"的话术。例如,"我很困惑,因为我觉得我已经交代得很清楚了——你今天要做完演示文稿。我很担心,因为这似乎不是我想要的结果。我遗漏了什么吗?你能告诉我你目前的情况吗?"如果事实证明员工是因为对任务不清楚,没有可用的资源或信息,或者有其他紧急情况,那么你就应该考虑这些事实并重新设定期望的目标。显然,该员工应该提早让你知道这些问题以及无法按时完成任务的情况。如上所述,请确保员工知道任务背后的原因;如果可以的话,请务必说清楚为什么要要求员工用某个特定的方式去完成任务。如果在"困惑和担忧"的谈话之后对方的表现仍然没什么改善,那么接下来就需要向他阐明一系列的后果了。

暂停一下

我发现这不是本书第一次谈论暂停(time-out)这个话题,当然也不会是最后一次。在处理情绪激动的场面和个人时,它是最有效的技巧之一。有三个主要原因来使用暂停。第一,为谈话做准备,特别是当有人希望你来参与一场临时讨论的时候。第二，留出时间让自己或他人的情绪消退一下。第三，你觉得谈话已经陷入僵局，没有进展。有一点很重要：谈话的双方在任何时候都可以轻松地要求暂停。这并不是一个明文规定的基本规则，但你应该始终记得你可以要求暂停一下对话，而且也应该始终尊重他人提出的暂停一下的要求。如前所述，你如果觉得需要离开一下，就使用诸如"我需要花点儿时间来整理一下自己想法"之类的话术。如果你发觉对方的情绪在上升，也应该建议暂停一下，你可以说："似乎我们双方都需要稍微整理一下各自的想法，明天再继续这个讨论。"我回顾了一下自己过往那些应该叫暂停的场景，我总是会后悔当时没有这样做。在情绪化的对话中，随着情绪逐渐累积，尤其是当你感觉受到威胁的时候，你就可能会产生一种大脑麻痹的感觉。我的建议是一旦你感到自己的情绪点被触发了，就要启动暂停；不要等待太久，否则等你想暂停时可能已经为时已晚。

一旦获得了暂停的机会，你应该有效地利用这个机会。首先，屏住呼吸、放松，确保从正确的角度来看待事物。如果你想宣泄一下情绪，那很好，但要注意保持简短，因为它不可能解决问题。也可以考虑邀请朋友或亲密的同事来分析一下现状。当然,你要做好准备接受现状分析的结果——可能会发现你比自己想象的更加"难辞其咎"。事实上,你可能最终需要向对方道歉。当然了,有朋友愿意给你提供这样真诚的反馈是一件值得庆幸的事。

在暂停期间,另一个缓解情绪的好方法就是去收集更多的事实——不仅仅局限于那些支持你的观点的事实,如果那样做,你就只是在证明对方是错的!在暂停期间,回想一下前几章的提示,保证自己拥有建设性的心态,发现自己的偏见和情绪按钮。一旦重新返回到对话中,请确保你已经调整到了寻求合作的状态。你还可以发自内心地为你在最初讨论期间的行为道歉。例如,"皮特,感谢你同意继续和我谈话。我意识到刚才我很固执,一味地试图让你同意我的观点,而忽略了你的话。在此,我向你道歉。"只需要大约11秒的时间(我曾经给自己计时过),你就可以完全改变谈话的基调,让谈话更加富有成效。

小　结

健康而有成效的对话不会自然而然地发生。在关键对话中,对话双方都可能会针对某个问题而固执己见,甚至产生激动情绪。因此,将其转变为冷静、以协作为目标的讨论确实需要某些技巧。本章以及前几章的内容提供了一些可以提高沟通技能和沟通效率的工具。请注意：本章介绍的绝大多数战略、战术不仅仅是针对职场困难对话的，也可以用于指导日常对话。

接下来

读到这里，我希望你对自己应对困难对话的能力和意愿感到更有信心。在导语中，我让你回想一下你可能想要逃避的场景。在本书的最后部分，你将学会驾驭那些场景。下一章将介绍从开启对话，到结束对话整个过程的技巧，全面提升你的对话技能。

自我反思

1. 回顾一下本章中的诸多策略，列出那些对你最有用的策略。

2. 在接下来的一周里，尝试在你的私人谈话、职场谈话中使用这些策略。挑战一下自己：争取每一种策略都练习五次。

3. 使用这些技巧时，你是否觉得自己更有能力去掌控自己和对话呢？如果是的话，你认为背后的原因是什么？

第 11 章
沟通路线图

对话就是一段容易走偏和迷路的旅程。用美国哲学家约吉·贝拉的话来说:"如果你不知道你想要去哪里,你的终点就会在别处。"尤其是当涉及人际关系和关键对话时,你很容易偏离目标方向,走到别处。因此,就像计划旅行一样,你需要从头到尾规划你的对话路线。虽说你无法完美地为对话编写脚本,尤其是那种可能会引发某种情绪的对话,但本章为你提供了一个总体的框架,让你们的讨论能够保持正轨并最大限度地提高效率。(附录 B 提供了几种对话的脚本,可供参考。)

决定是否参与

虽然大多数时候我们能为规避困难的对话找到合理的理由,但在某些情况下,要特别谨慎地决定是否回避解决问题。以下步骤可以用来帮你决策是进行对话还是放弃。

冷却一下

如前所述,当你情绪激动时,交感神经系统就会启动,体温就会上升。这个时候,如果你感到头晕,就应该花点儿时间冷静下来。在让情绪和头脑平静下来之前,你不能周全地评估情况、权衡利弊并选出最佳行动方案。

评估情况

一旦你冷静下来,就可以更加客观地思考、处理当时的局面。花点儿时间分析一下刚才所说、所做的事情,联系前后情况,分析当前事情的走向。然后问自己以下问题:

这个问题真的值得生气吗? 如果你转移注意力、深呼吸一下,就会意识到其实这个问题根本不是什么大问题。如果你在脑中不断强调它反而会使它变成大问题。例如,你可能会觉得某位同事在某次会议上提出的批评完全是吹毛求疵。但是如果你仔细考虑一下,就会意识到其实是自己过于敏感了。

是我的问题吗? 照照镜子反思一下,是否冲突的根源就是自己?是否是你的言行触怒了同事?也许你说了什么话引发了讽刺的评论;也许是你欠对方一个道歉。重要的

第 11 章
沟通路线图

是要充分地自我反思，承认自己导致了冲突，并勇于承担责任。

行为是否失常？ 当一个人身处困境的时候，他可能会把自己的沮丧情绪发泄在你身上。你不用沮丧，运用同理心就是最好的回应。例如，"哈利，你最近好像变了很多。我不想打探你的隐私。但如果你有什么想说的或者我可以帮你的，请告诉我。"一点点同理心就可以大大地促进健康人际关系的培养，帮你认识到对方只是很受伤，而不是要故意伤害你。

解决这个问题的潜在利弊是什么？ 评估一下：相比收益，你的损失是多少？如果对话进展顺利，可能会有什么好处？解决这个问题是否真的存在使关系恶化的风险？一定要避免纠结于不太可能的和过于悲观的想法。让朋友或团队成员听一听你的想法，然后听一听他们对此的看法。

是否有足够的理由确信你的对话可能会给他人带来负面的影响？ 假如一位和你关系不错的同事对你说，另一个团队的成员在散布你的谣言。自然，你会觉得很沮丧，想去和那个人当面对质。但你想过没有，这样做可能会"出卖"你的朋友，他可能会遭到报复。当有其他人参与某个事情时，就应该注意一下你的某个决定会对他们有什么影响。

还有其他合理的考虑吗？ 例如，是否有办公室的默认规则会让直接解决这个问题显得很草率，或者即将实施的组织变革更倾向于采取"等着瞧"策略？

做决定

把以上这些问题都捋一遍之后，请写下来解决与不解决问题的利弊分析表。如果你决定不沟通的话，那就应该把这件事放下。你不必充当牺牲者的角色，也无须把自己看作对话中更大度的一方，更不必对自己或同事产生怨恨情绪。另外，要认识到，你可以决定不开启讨论，但并不意味着其他人也要做同样的决定。如果团队成员坚持要求讨论这个问题，请尊重对方的要求。

准备

一场困难对话的结果通常取决于你准备工作的质量。匆匆忙忙地做事情往往会导致最终结果容易受情绪爆发的干扰。就像你不会在没有准备的情况下参加体育比赛或戏剧演出一样，在没有制订深思熟虑的计划之前，你不应该随意开启一次关键对话。用本杰明·富兰克林的话来说，

第 11 章
沟通路线图

"没有准备的人,就是在为失败做准备。"虽然预先的准备并不能保证完美的结果,但它肯定会增加使对话富有成效的可能性。

确定你的目标

你想通过谈话实现什么?你的主要目标是什么?我发现很少有人愿意花心思考虑这个问题,这总是导致对话演变为宣泄情绪的途径而非富有成效的沟通。你希望对方完全理解并考虑支持你的观点吗?你想要理解和欣赏对方的观点吗?你的目标是把争论变成头脑风暴会议还是希望达成妥协?也许你的目的只是向对方道歉。但是在任何情况下,你的最终目标都不应该是让他人道歉或承认错误。

从健康的心态开始

在为对话做准备期间,回顾一下第 9 章介绍的所有提示,确保自己以良好的心态开始对话。正如我们前面所说的,人们总是习惯用自己的无意识偏见和消极态度去对待他人。指责别人易,审视自己难。回顾一下并记住那些促成健康对话的要素。要记住,我们的信念会极大地影响自己的感觉和对话的结果。因此要有意识地把讨论定位为互相尊重、协作和建设性的对话。

发起会议邀请

我建议用邮件发会议邀请，而不是当面或电话邀请。这样做可以让对方明确知道你发起会议的原因。例如，"我希望能花 30 分钟讨论一下你昨天提交的事故报告。今天下午晚些时候你有时间吗？如果没有，你什么时候最方便？"通常，最好是在某个事情发生后尽快安排沟通。如果你觉得对话可能会让对方感到不安，可以考虑把会议放在一天快结束的时候进行，以便对方有时间处理手上的事情，并且不会在其他会议上分神。为会议预留的时间应该比你预想的必要时间多一点，这样就不必担心要缩短进行关键对话。如果是面对面的谈话，最好安排在私人空间里，这样可以避免他人偷窥偷听。如果是视频会议，可是设置背景墙来防止受到干扰（例如其他人进入画面），从而确保隐私性。如果你所在的组织使用公共日程表，那你把讨论敏感话题的时间段标记为"忙碌"就好了。我发现几乎所有重要的对话都是在两个人之间进行的，但有时让其他人在场也是有意义的，特别是当其他人直接受要讨论的事项影响时。

沟通议程

商定好会议时间之后,就可以发送会议邀请了。邮件的主题行要反映举行会议的原因,例如"讨论昨天的事故报告"。题目要简单、清晰,避免任何可能引起情绪的词。然后根据收件人的姓名开始撰写邮件。邮件正文可以包含一个简短的议程,罗列几个关键要点;但是不要发送那种有时间框架的、冗长、详细的议程。你的目标是发起一个对话而不是正式的会议。邮件里还要确保表达以下意思:"我想知道我们的理解是否一致,你是否还有其他想要添加的内容。"结束邮件时,不要说"期待我们的谈话"。因为实际上双方可能都并不期待这个对话。因此,采用更真诚的"祝好,保罗"来结束就好了。

写出你的关键点

提前准备好一份手写或打印的概要。这样做可以让你的思路清晰、简洁,并防止讨论出现漫无边际、偏离议程的情况。

演练对话

可视化和角色扮演应该是你准备工作中的标准环节。

就像你演出戏剧要先排练、在比赛前要先接受训练一样，提前演练即将进行的对话，可以大大增加对话按照既定方式进行的可能性。理想情况下，最好邀请既熟悉情况又熟悉对方的人一起进行角色扮演，这样对方就可以尽可能真实地做出反应。一定要演练讨论误入歧途的场景，这样就可以找出最好的使其回到正轨的方法。记住：谈话越重要，你花在演练上的时间就应该越多，即便只有你一个人去练习。实践是无可替代的。

谈话过程中

到达会谈现场之后，要始终关注谈话的主要话题和目标，控制自己的言行和反应。自始至终保持积极的心态，保持冷静，尊重对方。在现场你要立即做出许多决定，以下策略可以帮你保持对话正常进行并富有成效。

提前到达

永远都不要着急忙慌地加入关键性的对话。可能的情况下，在进行关键对话前，不要参加别的会议。如果是在办公室，可以提早到达会议现场，选择你想坐的地方坐好。座位尽量间隔2米左右的距离，但不要相对而坐；如果是方形的桌子，双方可以选择坐在对角线。如有必要的话，可以适当移动一下座位。确保手机已经静音并且不在视线范围内。如果是参加视频会议，也要像面对面会议一样，不能迟到。不管是什么原因，哪怕只是迟到一分钟，也最好尽快用短信或邮件通知对方。

真诚地开始对话

不要用"你好吗"来开始谈话。事实上，除非是和亲近的人交谈，我从来不问这样的寒暄问题，因为它让人觉得不真诚。从礼貌上讲，有必要做出积极的回应，例如回答"我很好"，而不管当时个人的实际情况如何。有一次，在亲人去世后不久，我接到了一位客户的电话。他漫不经心地问我过得怎么样。我强忍着眼泪说："哦，我挺好的。你好吗？"在开场客套话方面，我建议这么说，"很感谢你抽出时间和我谈话"或"早上好"。

维系良好的关系是构建对话的基础

如果想要建立健康的、富有建设性的对话，这一点是至关重要的。设想一下，如果你觉得自己要去参加的是一场情绪化的对话，你会有什么样的想法和感受呢？其实，不难想象，对方也会有类似的想法和感受。此时，每个人都觉得必须证明自己是对的、对方是错的，才能够"获胜"。（看上去就好像两只公羊在顶角。）但是如果你采取完全不同的方法会怎样呢？如果你从一开始就谈论关系的重要性而不是谁对谁错，会怎样呢？我发现类似这样的表达可以有效地减少互相攻击和防御的心理："我想和你说的是：从今天的谈话开始，我会全力去建立相互尊重和合作的工作关系。"想象一下，如果有人对你这么说，你会如何回应？当然了，这样的表达必须是真心实意的。如果你自己没有这种感受，就不要这样说。顺便说一句，在我进行的所有对话中，对方从来都没有说过："嗯，我真的对一起合作不感兴趣。我们就事论事地讨论一下吧。"

遵守议程

在对话开始之前，可以回顾一下商定的会议议程和目标。例如，"科里，我想花点时间确认一下，对今天讨论的重点，咱们的理解是否是一致的。"如果在议程上存在分歧，就需要提出问题以充分了解对方的观点。让对话的脉络更加清晰，从而满足双方的需求。然后，就需要尽可能地遵守议程，以避免离题、跑到无关紧要的问题上。遵守议程会产生卓有成效的对话。

参加会议并做好笔记

准备好会议的笔记本。根据情况，你需要在会议期间做一些笔记以供日后参考。建议使用纸质记事本而不是笔记本电脑或平板电脑，因为后者会降低人际关系的连接水平。如果是视频会议，则需要让对方知道你需要时不时瞥一眼笔记或做记录，以免对方误认为你在走神。当然，根据你的打字技巧，你可能不用低头看键盘就可以完成记录工作。参加视频会议的时候，眼神的交流更为重要。因为你获得的非语言信息比较有限，所以，你可以做一些必要的笔记，但尽可能多地保持眼神的交流。如果你有双显示器，在会议期间可以把笔记放在一块屏幕上，把视频会议放在另一块屏幕上。在会议即将结束的时候，查看一下议程清单以确保你们已经解决了每一个问题。（当然，随着谈话的进行，有些问题可能已经变得无关紧要，那就不用说了。）一般来说，在谈话结束的时候，你需要把自己记录的内容通读一遍，以确保准确地抓住了关键点。这样做是在向对方强调：你在谈话期间非常专注，并且你的态度是认真的。

确保你在解决重要问题

有时我们会因为过多地关注某个特定的事件，而忽略或错过那些最需要解决的重大的框架性问题。正如俗话所说：只见树木，不见森林。我曾经有一名非常有才华的团队成员托马斯，他往往先对某个计划的行动方案表示赞同，然后在执行中用自己认为更好的方式去达成计划。虽然我倡导员工积极创新，但我并不希望工作的执行与原计划相矛盾。你知道，我对讨论和重新审视一下原有计划持非常开放的态度。差不多有一半的时间，我都努力压制住自己的怒火，没有因此责怪他。毕竟托马斯工作非常勤奋和忠诚，要找到合适人选取代他非常困难。而且，坦率地说，他做对的次数比出错的要多。然而，随着时间的推移，我对他的做法和自己的不作为越来越感到沮丧。有一天，他再次背离计划，这成了压死骆驼的最后一根稻草。我沮丧地冲他咆哮，差点当场把他开除。他走后，我有些恍然大悟。虽然我对于托马斯没有来找我讨论他自己的计划感到很沮丧，但其背后有一个更大的问题：我不再信任他。我不相信他会信守诺言，这才是我需要面对的真正问题。当你不去处理大问题时，你永远无法解决小问题。

/ 第 11 章 /
沟通路线图

找出冲突的底层或根本原因

你倒洒了牛奶，你的爱人之所以冲你大喊大叫，那很可能不是因为牛奶的问题。很多时候，我们处理的都是问题的表象，而没有解决或许已知、或许未知的潜在问题。假如一名与你关系密切的同事开始疏远你，或者一个与你一直相处得很好的团队成员突然变得非常讨厌和敌对。当你发现此类行为变化时，应该考虑背后是否存在一些需要解决的潜在不安因素。根据我的经验，这通常是因为对方感觉没有受到尊重。这种情况下，你应该设法了解对方为何感到不安并主动发起对话。例如，你可以这样说："列夫，我发现最近我们之间的关系好像变得有点紧张。我很担心。我想知道是不是因为我说过什么话、做过什么事情让你不高兴了。如果有的话，你就直接告诉我，然后我们就可以一起讨论一下。如果你能这样做，我会非常感激。"人们之间关系的改变基本上都是由于某些偶然事件造成的，如果不去解决这些事件，双方的关系就不会得到改善。

结束对话

结束对话的方式和开始对话的方式一样重要，甚至更加重要。这是确保双方就所有的要点、决定、承诺以及后续步骤达成一致的时刻。如果任一方不遵守商定的计划，会议期间取得的成果都将功亏一篑。以下建议会帮助你有效地结束对话并成功地进入后续跟进阶段。

回顾达到一致的内容

在谈话结束时，一定要回顾一下双方已经达成一致的所有决定和承诺。例如，"菲比，我来核实一下我们达成一致的地方。我们的谈话结束之后，我会去和运营部门的弗兰克交流一下，确保订单在周五之前完成。然后我会打电话给运输公司，并与客户确认出发和到达的日期。我会在两点之前回复你。然后，你会联系客户，向对方更新一下信息。我说的没错吧？"如果对方的回答模棱两可，或者你感觉到对方有保留意见，就需要继续对话，直到你确定双方对计划完全达成一致。

发出请求

在每次重要的谈话结束时，我都会提出一个具体的请求，希望这样能够防止同样的问题再次发生。例如，我会说："很高兴今天进行了这次谈话，希望它能够解决我们之间的分歧。最后我想请求的是，以后如果你不同意我的决定，请直接来找我，而不是去找老板。你同意吗？"虽然对方的回应"好的"并不能保证他会信守承诺，但这个请求表明了你希望建立一种开放、直接和相互尊重的关系。

设置具体的跟进时间

为后续步骤的实施或目前步骤的核查安排好具体的时间表。例如，"卡罗，我觉得安排一个后续跟进的对话对我们计划的有序实施很有必要，这样可以确保我们的工作不跑偏。我们都想避免类似的情况再次发生。你觉得可以吗？"如果没有跟进这一步，下次你们再谈论这个问题之时很可能也是新问题发生之日。

对他人愿意与你交谈表示感激

如果对方愿意参与对话，特别是如果他主动发起谈话，那你应该表示真挚的感谢。我曾经辅导过一位客户，乔治。我们在周五进行了一次辅导课程。然而，他在周一愤怒地打电话给我，告诉我，他对我所说的话有多么不满。正如你能想到的那样，我当时非常吃惊。我立刻觉得自己出现了防御心理。但我很快就放下了这种心理，专注于积极倾听和理解他的担忧。他停止说话后，我说："乔治，我真的很抱歉，我的话冒犯了你。我试图给你建设性的反馈，但我发现在你看来这是一种尖酸刻薄的批评。我真诚地道歉。"在谈话结束的时候，我们达成了和解。我确认此时我表达了自己的感激之情："乔治，我真的很感谢你。你让我知道我说的话让你很生气。"如果他没有勇气这样做，我就没有机会道歉，我们之间的关系可能就不会再继续下去。

会谈纪要

你是否曾经有过这样的谈话经历，你和对方对于谈话细节的回忆迥然不同？我曾经有过。为了防止这种情况发生，会后请发送一封追踪邮件，总结一下谈话中商定的内容。当然了，在邮件中还要感谢对方参与对话。同时，（如有必要的话）可以发送后续跟进会议的会议邀请。

离开一下

有时，虽然你具备进行健康对话的技巧和能力，但讨论结果仍很不理想。这就像车子深深地陷在泥里一样，继续转动车轮是没有意义的。这个时候，最好直接结束谈话："不幸的是，相比半小时之前，现在我们的分歧似乎更大了。我建议周五下午安排另外一个电话会议。从现在到周五，让我们都花点时间反思一下讨论过的内容，看看是否有可能存在能妥协的地方。你觉得怎么样？"如果觉得谈话没有进展，那么最好就休息一下，而不是冒着让一切变得更糟的风险去继续谈话。

小　结

以上这些内容是不是听起来让你有点头大？但记住它们并采取适当的行动绝对会帮到你。你是否想过进行一次健康的谈话要付出多少努力？如果你希望冲突能够顺利解决，就需要付出思考和努力。如果你在为一次重要的对话做准备，请重读本章和上一章的内容并做好笔记。当把这些书本知识付诸实际对话的时候，你就会变得越来越有能力和自信。

接下来

所有的对话都有一定的人际关系背景。关系越健康，就越有可能进行健康的对话。下一章会告诉你如何建立和维持健康的关系，以及如果有必要的话如何修复一段破坏了的关系。

自我反思

1. 模拟一次即将进行的关键对话。利用本章的内容创建一个谈话大纲,为谈话做好准备。确保你有清晰的目标,明白你想通过讨论达到什么目的。

2. 与值得信赖的同事分享你的大纲,寻求建设性的反馈,并相应地调整你的计划。

3. 采用可视化和角色扮演的方法来演练不同版本的对话。你练习得越多,就会越自信。

4. 实际交谈后,向帮助你做准备的伙伴详细汇报一下。回顾一下哪些地方进展顺利,哪些地方不顺利。讨论对话中出现的意外情况以及你如何能更好地准备对话。向你的伙伴征求如何更好地处理接下来情况的建议。

第12章
建立、恢复和维系健康的关系

无论是你的汽车、牙齿还是人际关系,都需要保养。这是至关重要的。不幸的是,大多数人更擅长换机油、清洁牙齿,而不擅长主动保持人际关系的健康和良好运转。事实上,我们常常忽略人际关系运转的状态,直到发现它们出现了问题。保持健康的人际关系可以大大减少冲突、对抗,因为良好的人际关系可以及时、直接并以合作性的方式处理分歧。虽然大多数人都非常赞同人际关系的重要性,但大家都不知道如何更好地维护它。你的人际关系有多健康?你最近做了什么来维护它们?本章中,我们将讨论建立、恢复和维系健康关系的具体策略。

建立新关系

从零开始打造健康的关系比修复糟糕的关系要容易得多。从一开始就花时间用开放的沟通、团队的合作和减少对抗风险的方式夯实关系的基础，会让你受益匪浅。以下内容会帮助你从一开始就建立归属感和关联感，这是打造健康关系的两个主要组成部分。

第1步：以正确的切入点开始

当我们开始新的关系时，往往是凭借经验随着时间推移有机地发展。我的建议是可以更加积极主动一些。利用你的人际交往能力，从一开始就积极地把这段关系置于健康的轨道上。想一下这个类比：我们保持良好的口腔卫生，就可以拥有健康的牙龈并降低口腔疾病的风险。那么为什么不对我们的人际关系做同样的事情呢？

一个好的开端是在心理上设定非常明确的意图。例如，"我的目的是与新团队成员建立私人关系和高度合作的工作关系。"接下来，计划一个策略来实现你的意图。以下是我如何与新同事开始对话的示例："大卫，感谢你抽出时间和我聊天。我还记得自己刚刚加入公司最初的两周里紧张忙碌的样子。希望你已经开始适应了。我想花一些时间和你多熟悉一下，看看我如何才能帮到你。"

第2步：建立融洽的关系

如果你想建立牢固的关系，就必须先在人际间培养融

/ 第 12 章 /
建立、恢复和维系健康的关系

洽和默契。而建立归属感和关联感是培养融洽、默契的第一步。与他人的共同点越多,就越有可能与其建立融洽的关系。即便只是简单地说一句"我还记得我自己刚刚加入公司那两周狼狈的样子",也是对共同经历的同理心表达。人们可以围绕各种主题建立联系,包括兴趣、爱好、背景、孩子、宠物,甚至是最喜欢的度假胜地、乐队或电视节目。联系的内容越是个人化,建立连接的速度就越快。例如,当两个人发现他们曾经就读于同一所大学,或曾经克服过相似的生活挑战时,就会迅速而自然地产生融洽的关系。因此,当你想要建立或改善关系时,要设法找出那些真正让你感受到与对方有联系的共同经历。下面是一些你可以提问的话题:

- 你是怎么知道这里有空缺职位的?
- 是什么原因让你决定接受这份工作?
- 介绍一下你的背景,例如个人背景、教育背景、专业背景等。
- 介绍一下你的家人。(你应该设法了解新同事生活中的重要人物,例如,他的伴侣、孩子和宠物的名字。如果这个人有孩子,可以问问他们的年龄或他们在学校读几年级。)

- 你工作之余喜欢做什么?

大多数人都乐于分享这些信息。但如果对方看起来犹豫不决或不太自在,就不要再逼问对方了。要永远尊重谈话的界限。不要把第一次谈话搞得像质问,可以多分享一些你自己的情况。在建立信任和彼此熟悉的过程中,继续提出问题并参与对话,以帮助彼此加深了解,熟悉彼此都认为是重要的事情。

第3步:创建信任的基础

牢固的信任是健康关系的根基。反之,关系破裂的首要原因自然也是信任消失。建立信任可以从树立诚实正直、为人可靠的形象开始。可以问问自己下面的问题:

- 无论是什么事情,无论事情有多小,别人相信我能信守承诺吗?
- 我是个靠谱的人吗?
    - ◇ 如果你约了明早10:00和某人见面,你会在10:00前出现,还是在10:05拿着一杯新磨的咖啡悠闲地走进办公室?
    - ◇ 你是否曾经告诉他人,你会在一天结束前回复对

/ 第 12 章 /
建立、恢复和维系健康的关系

方。但后来却因为事情多而食言?

◇ 你是否曾经说过你会跟进一个问题,但却忘记了?更糟糕的是,你明明没做,却说完成了?

此外,扪心自问一下,别人是否相信你具备兑现承诺的素养和能力。坦率地说,有时人们被安置在某个位置上,但其实他们根本不具备这个位置所需的能力和经验。如果发现被要求完成一项自己没有能力完成的任务,请坦诚表白,否则你一定会失去别人的信任和尊重。虽然让同事相信你的话非常重要,但对你来说相信他们的话也同样重要。健康的关系必须有共同的信任;没有它,健康的关系就不会存在。

恢复关系

不幸的是,由于各种偶然事件,人际关系可能会受到伤害、偏离轨道,或者变得不健康、紧张、有压力。在这种情况下,需要采取某些行动使之恢复到相互信任和尊重的健康状态。虽然并非所有的关系都是可以挽救的,但以下步骤可以帮助你走上一条正确的路径。

第1步：评估关系的健康状况

恢复或维持健康关系的第一步是评估其当前的状态。我不喜欢传统的绩效评估，但我是关系评估的倡导者。健康关系的特点是相互信任、相互尊重、相互支持；能够进行诚实和直率的对话；以及彼此能够妥协。这样的关系会产生健康的对话，因此即便有分歧也不太可能演变成争吵，而且问题往往会在情绪升级之前得到解决。在健康的关系中，困难的对话也会变得不那么困难，并且不会经常出现。

设想一下，对于如何与愤怒的客户打交道这个话题，你和一位同事有着截然不同的想法。在不健康的关系中，每个人都没有兴趣理解和发现对方观点中的优点，这往往会导致冲突而不是头脑风暴。反之，处于健康关系时，如果发生分歧，大家会进行坦诚的对话，彼此欣赏对方的观点，并无私地专注于为客户做最好的事情。

以下的关系健康评估表（RHA，Relationship Health Assessment）可用于评估组织整体关系的健康程度。

/ 第 12 章 /
建立、恢复和维系健康的关系

关系健康评估表（RHA）

评估说明：想象一位你希望与之建立更好工作关系的同事。阅读以下每一条描述，并根据自己的满意程度，逐一进行评分。

非常不同意（0分）

不同意（1分）

中立（2分）

同意（3分）

非常同意（4分）

1. 我可以告诉对方我的想法和感受，而不用担心对方怎么想。（   ）
2. 当观点不一致时，我们会进行冷静、直接和互相尊重的对话。（   ）
3. 我感到被倾听和理解。（   ）
4. 我们之间有一种相互信任的感觉。（   ）
5. 我们用建设性和支持性的方式相互提供反馈。（   ）
6. 我把我们的关系描述为合作型的关系。（   ）
7. 我们彼此尊重。（   ）
8. 我相信对方会信守诺言。（   ）
9. 我相信对方会考虑我的利益最大化。（   ）
10. 我喜欢和这个人一起工作。（   ）

总成绩（   ）

总成绩解读

0-10分　破裂的关系

在两人过往的交往中,可能出现过若干消极的互动,导致彼此信任和尊重的严重丧失。双方都主动回避对方,只在必要时才交流。任何合作的表现都是肤浅的。在经理和直接下属的关系中,下属可能觉得有必要在表面上假装某种程度的尊重。修复这种关系的可能性极低,所有为此进行的投资都是不值得的。实际上,最好是让其中一个人担任新角色或离开组织。

11-20分　功能失调的关系

意见分歧很容易引发冲突或让双方互不往来。务实地说,最好就是不用彼此合作。改善关系的健康程度需要强有力的经理或外部协调人的干预,以及双方的真诚承诺。(根据我的经验,如果经理具备解决团队成员之间冲突的技巧和意愿,他早就这样做了。)如果努力尝试一下,可以实现一定程度的相互尊重和对彼此观点的开放。最好能避免重大的冲突;强烈建议持续维护和监督这段关系。否则的话,努力获得的收益可能是短暂的。

21-30分　职场上常见的关系

当出现意见分歧时,双方都既有自己强烈的主张,又愿意倾听对方的观点。他们之间是友好、职业化、彼此尊重的。关系的成功之处在于平等分享——既不会伤害对方,也不会故意引起冲突。虽然有时每个人都可能隐瞒一些对自己不利的信息,但总体来说彼此的沟通交流是公开和坦率的。这种关系基础稳固,而且如果双方都愿意,就可以变得更加融洽。

/ 第 12 章 /
建立、恢复和维系健康的关系

> **31–40 分　非常健康和富有成效的关系**
>
> 这是一种相互支持、相互信任、相互尊重和有强烈安全感的人际关系。每个人都对关系的健康程度负全部责任，彼此的对话是直接的和协作性的。每个人都会主动地提出问题，以确保充分理解对方的观点和想法。他们自然而然地协作并专注于最符合客户和组织利益的事情。每个人都愿意承认自己的错误并承认对方的贡献。在这种人际关系中不存在"输与赢"的感觉。即便确实发生了分歧，这种分歧也会在彼此尊重中迅速得到化解。
>
> （要获得该表格的更多信息，请发送电子邮件至：Paul@PaulMarciano.com）

查看结果的时候，这个结果和你的预期是否一致呢？如果不一致的话，哪些具体领域看起来最有问题？尝试着找出那些导致关系出现裂痕的具体事例。例如，你可能发现同事在背后说你坏话，这导致信任度下降。或者，每次你提出建议时，对方都不假思索地提出反对。你有没有尝试去解决这个问题？对方愿意进行对话，还是会以"算了吧"来回应"让我们谈谈吧"的提议？如果这种关系并非如你所愿，我强烈建议你先去做点什么，可以从坦诚的对话开始。建议你运用本书中学到的知识。这样的话，一段关系至少能有改善的机会，而不至于继续恶化。

第2步：扪心自问

恢复任何关系的出发点都是发自内心地希望去完成这件事。你可以先和自己进行坦率地对话，决定一下你愿意为此付出多少努力。你希望恢复关系的背后有什么样的驱动力？你是真诚地希望看到关系有所改善，还是因为老板在敦促你要更加协作地工作？你认为对方是否对改善关系感兴趣，还是你的努力只是在浪费精力？保持现状有什么弊端吗？改善这种情况有什么好处呢？如果你真诚地想恢复和同事的关系，请进行下一步。

第3步：发起对话

如果你愿意投入时间和精力来恢复关系，就需要从真诚的对话开始。务必要保持直率、诚实和清晰。例如，你可以这样说："格蕾丝，我发现自从上次我们争论项目没有按时启动是谁的错，我们之间的关系就不再像以前那么好了。我为我的行为道歉，并想知道我如何做才能让事情变好。你愿意就我们的关系重回正轨而开诚布公地聊聊吗？"好的结果是，她答应了，你就可以安排时间一起聊聊了。如果她拒绝了，请让她知道你尊重她的决定，并致力于培养相互尊重、协作的工作关系。如果可能的话，在谈话开始时，你先放弃自己先入为主的想法（即你觉得哪个地方是整个事件的起源）。在这种情况下，可能需要找到老板或客户参与到你们的对话中，综合他们的意见划清责任，并各自接受自己要承担的部分。

第4步：专注于信任

如果确实发现彼此间的信任已经缺失或破裂，你的首要任务必须是建立或恢复信任。信任是需要时间来建立的，而且一旦破裂，就很难恢复。无论是一方还是双方的信任被破坏，都必须正面解决这个问题。有一种方法就是直接而真诚地解决它："李，我非常想和你建立一种更加合作的关系，这会让我们的工作效率更高。为了尽可能地合作，我们应该相互信任。我觉得目前的情况并非如此。你愿意一起聊聊如何改善关系吗？"你看，简单、直率的表达会对信任产生积极的影响。

类似于前面的做法，你可以对着镜子问自己以下问题：

- 我的同事相信我会支持他们吗？
- 对方知道如果其他人说他坏话，我会为其挺身而出吗？

- 对方相信，如果我有疑虑，我会直接与他交谈，并且我会对事不对人吗？
- 对方相信我是谨慎的吗？
- 对方信任我不会利用同事或试图以牺牲对方的利益为代价获得好处吗？
- 对方相信我会保持信息透明，不会隐瞒信息吗？
- 对方相信我会把团队或组织的需求置于自己的需求之上吗？
- 对方相信我会信守诺言吗？

以上这些问题中，你能对所有或大部分问题做出肯定的回答吗？如果发现自己的回答是"不"或"我不知道"，那就应该从今天开始针对这些领域，多做一些值得他人信任的行为。

第5步：磨炼你的人际交往能力

建立合作关系的第一站就是：你自己。为了提高人际交往能力，你都做了些什么？阅读本书固然很重要！但你也可以通过以下任何一种方法来提高自己的人际交往能力：

- 阅读其他关于自我发展的书籍、文章或博客；

/ 第 12 章 /
建立、恢复和维系健康的关系

- 观看 TED 或 TEDx 演讲;
- 完成在线培训课程;
- 参加关于沟通、协作、团队合作、情商的线下培训;
- 在工作中寻求导师或教练指导;
- 向同事、朋友寻求建议和反馈。

请注意,大多数资源都是免费的或非常便宜的,因此成本肯定不能当作不学习的借口。此外,你也不必投入大量的时间来学习和练习这些技能。如果你正在阅读本书,你很可能也能找到其他持续学习的机会。有些人喜欢从"软技能"培训中受益,而对自我发展几乎没有兴趣。我们往往会花更多的时间在工作流程、步骤的改进上,而不是在改进自己上。事实上,从人际交往能力这一点来看,绝大多数人并没有下功夫提升自己。我发现这在很大程度上是由于人们没有认识到自己的行为是如何对他人产生不利影响的。

如果你发现自己一而再、再而三地与他人发生冲突或争执,那就不是巧合了。我听过无数次的理由是:对方有问题、对方难缠。诚然,如果你问谁觉得自己的沟通、人际交往能力差,几乎没有人会举手。除了诚实的自省之外,同事给予的反馈也是一种宝贵的资源。如果贵公司能够提供 360 度评估，建议你进行一次评估，如果你是管理人员更应如此。始终本着好奇心和持续改进的精神进行此类评估。如果没有收到任何建设性的反馈，你应该感到失望，因为这可能表明你的同事不愿意助力你的发展或害怕遭到报复。（如果你对这样的评估感兴趣而贵公司不提供，请发送电子邮件至：Paul@PaulMarciano.com）

第 6 步：培养你的情商

情商高的人在建立和维持健康关系方面往往具有天生的技能。这些人善于洞察自己和他人的情绪状态；了解自己的行为会如何影响他人；积极地管理自己的感受和反应，因而能够有效地掌控关系发展动态。当然，同理心也起着关键的作用。这些人不仅擅长处理冲突，而且能够最大限度地减少冲突的发生，本着防止冲突发生的原则来处理问题和对话。诚然，提高一个人的情商和同理心水平很难。但是如果有意愿，肯付出时间和努力，这并非不可能。在不同的人际场景中进行角色扮演是改进的关键，这种方式可以演练和测试一下如何最好地回应他人的敏感问题。

阿尔伯特是我经历的所有教练项目中最令人沮丧的客

第 12 章
建立、恢复和维系健康的关系

户之一。他的情商极低,并且他对提高情商并没有兴趣。他是一名高级管理人员,受雇于一家跨国公司的销售部门,他的职责是帮助部门扭转局面。然而,他上任将近一年,除了磨炼了老板的耐心,部门没有任何好转。一项 360 度评估显示,他领导的部门缺乏进展的主要原因是他的领导能力差,无法与团队成员建立关系。事实上,几个月过去了,他仍然没有和自己的 10 个直接下属进行一对一的谈话。虽然他的社交能力非常好,但他缺乏同情心,也没有情感意识。他也没有兴趣了解其他人,但很乐意详细分享他自己的事情。

在我们第二次会面时,他的行政助理敲门通知他日程安排有变。她走后,我好奇地问,他对助理的个人情况了解多少。他想不出一件事。我进一步问:"你知道她有孩子吗?她结婚了吗?工作之余她还有什么爱好吗?"他说不知道。实际上,在与阿尔伯特会面前的 10 分钟里,我了解到他的助理达琳和她的丈夫刚刚庆祝了他们的 20 周年结婚纪念日;他们最喜欢的餐厅叫什么名字;她有一对读高中的双胞胎男孩并为其自豪;她刚刚养了一只名叫沙莫伊的金毛小狗。虽然阿尔伯特为改变做出了一些小小的努力,但他实在过于以自我为中心,无法真诚地对他人感兴趣,因此团队成员也不会忠诚于他。他最终被解雇了。

人际交往可能会变得很混乱，尤其是当情绪高涨的时候，你需要随时准备应对各种突发情况。例如，如果你说"很遗憾听说你没有得到晋升"，而你的同事却回答说"得了吧，其实你并不遗憾"，你会如何回应呢？如果某人第一次试图对团队成员的个人生活表现出同理心和兴趣，对方可能会感到尴尬，觉得他不真实、不真诚。因此，最好逐渐地改变自己的行为。这不仅能让自己感觉更舒服，而且能给他人时间来适应新的、改进的你。

我的客户扎克是一位年轻、有上进心、潜力巨大的高管。虽然360度评估的总体反馈非常积极，但缺乏同理心是他的致命弱点。这对他来说并不是什么新闻，因为他的情商很高的妻子米歇尔多年来一直给他同样的反馈。与阿尔伯特不同，扎克致力于提高他的情商水平。重要的是，他已经能够识别出何时需要同理心回应——他只是不知道该怎么做。鉴于他的妻子米歇尔拥有很高的情商，我建议他尝试想一想"米歇尔会怎么做"的策略。米歇尔成了他的榜样。扎克与她一起进行的角色扮演非常有效。米歇尔和我都为他感到非常自豪！

我另一位在情商方面苦苦挣扎的客户萨姆，用一种非

第12章
建立、恢复和维系健康的关系

常新颖且极其直接的方式来处理这种人际关系的局限性。他会很实际地告诉他人:"我承认,在谈到理解情绪和知道不同场合该说什么的时候,我很差劲。我和我的狗一起进行过情商测试。它的得分比我要高得多。这对我、我的妻子来说并不奇怪。其实,不是说我不在乎;我只是我不知道如何表达才能让他人感受到我的同情心。所以,如果我说出一些愚蠢的话,或者在我该说些什么的时候没说,我想现在就提前说,'我很抱歉'。尤其是当涉及某些情感上的问题时,我希望你非常直率和明确地表达出来。"

你发现很少有人愿意如此真实和不设防地交底。如此坦率地处理这个问题非常有益于防止在未来的交往中让对方的感情受到伤害,也能有效地避免冲突。

第7步:跟进

完全恢复受损或失调的关系可能需要多次对话。重要的是要认识到这一点并积极跟进,用多次健康对话和富有成效的互动逐步改善关系。不设防地、完全透明地、清晰地去沟通。勇于示弱。还有非常重要的一点是不要给人留下隐瞒信息或隐藏议程的印象。运用以下提示可以帮你挽回一些失去的信任:

- 在公开场合支持他人的想法，只发表能被对方理解为有建设性、有帮助的意见，避免对方认为你是在趁机攻击他；
- 在公开场合，确保把功劳推给对方，不要锋芒毕露；
- 如果对方特别合作，可以说"我真的很感谢你帮忙解决这个问题"，以此来感谢对方；
- 勇于承认错误；
- 保持非常可靠和言行一致；
- 经常使用"我们"这个词；
- 设置定期会面时间，确保你们保持一致看法，并公开讨论任何问题；
- 如果确实发生摩擦，提醒自己和他人你承诺建立相互尊重和协作的关系。

请记住，维持良好的关系需要付出一定的努力，而修复它们则需要更多的工作。因此，要有耐心。

维系健康的关系

沟通是维系健康关系的主要组成部分。换言之，健康

第 12 章
建立、恢复和维系健康的关系

关系在某种程度上是通过人们能够讨论本不想谈论的问题而维系的。一旦停止对话、互不理睬,问题就出现了。因此,如果出现分歧或感情受到伤害,双方都必须直言不讳地表达出来。如果双方都把事情藏在心里,却在背后说对方的坏话,这对维持健康关系来说是一种非常糟糕的策略。持续练习本书中介绍的许多行为策略,包括制定定期的关系核查会话机制。

总之,维系良好人际关系的最重要的行为包括:

- 采用开放、直接和直率的沟通方式;
- 定期安排时间谈论你们的工作关系;
- 专心聆听;
- 积极关注他人的工作;
- 平易近人、乐于助人;
- 尊重彼此沟通交流的边界;
- 提供建设性反馈;
- 鼓励和培养自己周到、体贴的态度和同理心;
- 承认并表达对他人的赞赏;
- 信守承诺,保持前后一致和值得被他人信赖;
- 在互动中保持积极的态度;
- 乐于妥协;

- 直接询问他人需要你做什么，告诉对方你需要什么。

如果希望一段关系保持健康的状态，你必须要关注它。记住：预防问题比解决问题容易得多。

小　结

在本章的内容中，我希望读者能够掌握的一个关键点就是：如果希望培养健康的关系，就需要特别有意识地去关注它。主动结识新同事，让他们知道你会支持他们。一旦关系破裂，就要尽可能快速、直接地修复它们。不要指望裂痕会在一夜之间得到修复，但要知道关系会随着努力而改善。每天都要努力去维系你们的关系。花时间以真正的好奇心去谈论与工作无关的问题。始终寻求与你的团队成员建立联系——特别是如果你们之间的关系主要是靠远程办公而不是面对面工作来维系的。在建立、恢复和维系健康的关系中，情商发挥着至关重要的作用。如果这是你在人际关系中的薄弱领域，你就应该进行投资以提高情商。它会给你的职业和个人生活带来诸多好处。

/ 第 12 章 /
建立、恢复和维系健康的关系

接下来

最后一章将讨论什么时候该结束一段关系,并给你留下重要的收获。

自我反思

1. 选择一位平时很少和你互动的同事。主动在其个人层面上了解他,看看你们是否可以建立一种关联感。

2. 你的情商有多高?你是否善解人意并擅长处理人际关系的敏感问题?如果不擅长,请找一些培训进修的机会,并找一位该领域的教练指导一下。

3. 邀请与你关系紧张的人,就如何培养更有成效的工作关系进行开诚布公的对话。可能的话,建议你们两个人完成"关系健康评估表"并分享各自的结果。

4. 回顾关于建立健康关系的关键行为,并在与他人的日常互动中明确你需要关注的其中三项。

第 13 章
写在最后

在应对冲突局面的时候,不存在一种完美的对话技巧。但是希望你能意识到,即使是面对冲突也有机会促成健康的对话。另外,你可以从自己的词汇表中删除"困难对话"一词;困难对话存在的唯一原因就是你把它标记为困难的。请记住,当觉得自己没有能力有效地处理某个事件时,我们就会认为情况很难。其实解决冲突更需要的是化解冲突的技能而不是勇气;有了技能就可以提高能力,进而提高信心。当然了,读一本充满谈话技巧、工具和策略的书确实很棒,但是你必须勇于实践才能取得积极的效果。我建议你先从小型的对话开始练习,然后组织更重要的对话。这样可以在处理更重要的问题之前,先获得一些经验。

有些人发现自己比其他人更容易陷入冲突之中。就像我朋友里奇说的,"麻烦找上门了"。实际上,里奇的个性给别人的感觉就像他的脸上写着"欢迎来找麻烦"。很多人都有在工作中和他人闹矛盾的经历,但如果你经常遇到这

第 13 章
写在最后

种"高光时刻",这可能说明你并不是一个负责任的团队合作者。我不清楚你怎么看,但我会对这样的人感到沮丧甚至生气。因为这些人表现得非常不成熟、不职业,他们欠缺洞察力和对他人的体谅,他们从不为敌对行为负责,也不致力于改善。这些人会失去大家的尊重,大家会对他们给团队其他成员造成的凝聚力涣散、尴尬和紧张局面感到不满。

看到团队成员言行不当或团队成员之间产生摩擦时,我们会感到沮丧,但也难免会在当事人背后说闲话、八卦小道消息。正如我们为了不让自己陷入冲突,会找各种各样的借口、理由,同样地,当意识到他人的人际关系不和时,我们也会自己想出一连串应该保持缄默的理由,"这不是我能介入的地方""我不想被卷入他们的分歧之中"或"我的介入不会有什么作用,所以何必呢"。读完本书之后,你就获得了支持团队成员处理冲突的工具。如果你和事件中的某一位涉事人关系不错,你就应该真正关心对方,询问他是否需要什么建议来处理这种情况。如果你想尝试理解他的观点,就可以运用同理心倾听,并采用更加有效的对话方式来指导他。与对方分享你学到的一些知识,帮他编写对话脚本、做角色扮演。如果事件的双方你都认识,就可以主动安排双方进行对话——这种努力没有什么坏处,反而对他们和整个团队都有很多好处。当然，作为某种回报，双方都会因你的努力而尊重你。

我并不是天真地认为所有关系都要去维系，有些关系根本不能也不应该被挽救。它们积怨太深、信任太少、分歧太大。很多人在这种关系中停留的时间太久了。我从来没听过有人说："我希望能和这个糟糕的老板再继续悲催地工作六个月。"而且，几乎在所有情况下，一旦人们最终决定离开，他们就会有一种极大的解脱感。主动应对冲突是一种勇气、力量，但如果你觉得已经为这段关系付出了最大的努力，就没有必要再去挽留了。至关重要的是，一旦决定是时候离开了，那就走吧。把所有的积怨抛在脑后，确保以尊重和职业的方式去做就好了。用麦拉奇·麦考尔特的话来说："积怨就像自己喝下毒药，却期待对方死去。"你可以使用本书中的工具、策略来帮你建立健康、支持性的关系，但如果关系已经无法挽回，我鼓励你尽早离开。

在我写最后一章的时候，我心想："保罗，如果你只能选择十几个关键技巧来分享，它们会是什么呢？"我建议你也尝试回答一下这个问题，并把它们写下来，这样你就可以很容易地参考它们。以下这些是我的选择：

保罗博士的 12 条建议：

第 13 章
写在最后

1. 你有100%的自主权让自己的人际关系发挥作用。
2. 保持积极的心态；如果你觉得对话不会顺利，它肯定就不会顺利。
3. 永远不要再给对话贴上困难的标签，除非你希望它如此。
4. 识别并质疑你的偏见。
5. 在提出观点时，请记住它们和你的指纹一样独特，你的观点不会比别人的对多少、错多少。
6. 谨慎选择你的用语；覆水难收。
7. 当感到情绪激动并且血压开始升高时，请深呼吸并暂停对话。
8. 停止通过让别人犯错来显得自己是正确的一方。
9. 带着强烈的好奇心聆听。
10. 表现出同理心。
11. 勇于承认错误。
12. 当你搞砸的时候就道歉。

小　结

我希望本书能让你与任何人就任何事情进行健康的对话。把你学习到的技巧付诸行动，从而为你自己和你周围的人带来改变。深入了解书中的技能和策略，摆脱那些不必要的困扰。选择直接和自信地处理冲突而不是回避它。

这样，下次你就会发现遇到需要解决的问题时，只需说一句："让我们谈谈吧。"

接下来

在附录中，你能找到常见问题的答案（附录 A）和指导你解决人际冲突问题的脚本（附录 B）。附录 C 为你提供了召开视频会议的最佳实践，以帮助你尽可能地以协作和高效的方式进行视频会议。感谢你购买本书，请通过电子邮件 Paul@PaulMarciano.com 与我联系以获得免费咨询，我可以帮你处理困难的对话。

自我反思

1. 在阅读本书之前，你对进行困难对话的主要恐惧是什么？读完本书之后，你现在想对自己说些什么？

2. 罗列一下你最大的收获并与同事分享一下。

3. 阅读附录 B 以后，尝试编写你自己进行人际交互的脚本。

4. 是否还有什么对话让你感到毫无准备？花点时间想想原因。你所学的哪些技巧、策略可以用来处理这种情况？

附　录

附录 A　有问有答

为撰写本书，我进行了一些研究。我邀请人们回答以下问题：如果你有机会向世界上最出色的人际沟通专家寻求有关如何处理困难对话的建议，你会问什么问题呢？

以下是我认为最关键的一些问题以及我的回答：

1. 如何让对方不会产生被攻击的感觉，不产生防御心理？

专注于使用"我"的句式。例如，使用"我觉得是沟通不到位"，而不是说"为什么你不告诉我"；用手指指着自己说，"对不起，我感觉很困惑，希望得到澄清"，而不是说"你一定很困惑"。使用同理心来验证对方的感受，例如，可以说"我很抱歉你有这种感受，换做我的话也会如此"，而不是说"何必为了这么小的问题而感到不安"。总之，你使用的语言应该让人感到你是弱势的一方，而不是使对方处于弱势地位。

2. 我如何说,才能让对方真正听我说?

首先,对于对方所说的内容要表现出特别感兴趣。你可以使用肢体语言来表现参与,通过提问来表现出感兴趣,通过释义来表明你的理解。对方感觉自己被听到之后,才是让对方真正听你说的最佳时机。试图表达个人观点时,请使用能够引起听众共鸣、便于对方理解的语言、示例。假设你是销售人员,在与律师交谈时,可以从保护公司利益的角度出发,而不仅仅是围绕着销售数字来谈话。因此,要说对方能听得进去的话。

3. 我一遍又一遍地和对方谈同样的内容,对方也说了要改变,但他总是又回到老路上。我还能做点什么吗?

这个问题的关键在于"回到"这两个字,这意味着确实发生了改变,只是没有很好地强化它。行为的特点就是:如果你不去强化它,快速改变的行为往往会很快复原。虽然你可能以前已经提醒过对方,但你应该一直检查以确保对方能够完全理解并清楚其重要性。此外,请确保对方拥有成功改变所需的资源,并且不会遇到任何阻碍。如果你使用了"我感到困惑和担心"的句式,但问题仍然存在,那就直截了当地说:"关于这个问题,我觉得我们已经谈过几次了,但似乎没有什么改变。我有哪里做错了吗?"即便你只取得了对方表面上的同意,你也可以继续说:"关于我们为什么重回到原点的问题,你有什么想分享的吗?"你还可以问问对方如何理解任务的重要性以及不按照既定方式执行的原因。我发现对方不能贯彻既定方式的主要原因包括:不明白你真正的要求,不明白为什么这件事很重要,或者没有成功执行所需的资源、技能。如果你是此人的上级经理,在几次谈话之后对方仍然没有持续的变化,那你应该正式写邮件给他,并且明确告知对方如果仍不能达到预期你将会采取的进一步措施。不要做出空洞的威胁。如果你是和同级别的同事打交道,则这种情况下可能需要把问题上报给老板。最后,还有一点非常重要,请考虑需要做出改变的人可能是你自己!

4. 我如何在类似谈话时不再紧张?

记住一点,紧张主要来自于缺乏自信,而缺乏自信的解药是获得技能和经验,从而产生胜任感。为对话做好计划、设想和演练。就像演讲一样,你练习得越多,你就越不紧张。当然,你紧张的一个重要原因是你觉得自己很紧张。你可以回想一次以前经历过的更"困难"但你设法应付过去了的对话,将之与这次的情况进行比较,从而更客观地看待本次事件。告诉你这一点可能会让你感觉好一些，那就是对方很可能和你一样紧张，甚至比你还要紧张！

5. 如何应对对方的情绪化或受害者反应（对方会因为我提起某事而再次受到伤害，但即便我不提及这些事情，对方也可能会受到伤害）？

坦诚地告诉对方你说的话可能会让他觉得很受伤，但这不是你的本意。事实上，你能明显地觉察到，如果不去讨论这个问题，对方的情况可能会变得更糟。你可以这样说："托比，我想和你分享一些反馈。我担心它会伤害到你，所以我先为此道歉。但是，如果不讨论这个问题，我担心以后情况会变得更难处理。"每次解决高度敏感的问题时，请记住，如何说和说什么同等重要。如果你总是发自肺腑地真诚关心对方，那无论你说什么，对方听起来都会是一种支持而不是批评。

6. 要求某人辞职的最佳方式是什么？

让某人选择主动辞职而不是被动解雇通常对这个人有相当大的好处。因为这让他（至少在简历上）看起来是主动优雅地离开的。所以，像我一直强调的那样，直截了当地说："特雷弗，我们已经到了需要分道扬镳的时候。我已经和人力资源部谈过了，你可以选择辞职。请在本周末之前答复我。"此时,不要掺杂任何无关的对话,也无须道歉。对该员工来说,这样的对话绝对不足为奇,因为他早已收到了有据可查的持续的绩效反馈。如果他还没有察觉的话,那说明你作为经理的工作没有做到位。我建议不要说,你会尽你所能地帮他找另一份工作。因为这在很大程度上是一个空洞的承诺,毫无意义。如果你要把这个人从你的组织中请出去,就不用再去支持他了。

7. 告诉某人他因组织重组而被解雇的最佳方式是什么?

可以怀着极大的同情心,坦率地告诉对方:"坦妮娅,我真的很抱歉。我觉得很难说出口,但由于公司重组,你的职位将被取消。"同时让人力资源部门准备好他们所能的任何支持。准备好用冷静和友善的态度来处理对方可能出现的哭泣、大喊大叫等任何反应。如果他是一名优秀的员工,那么你也可以考虑动用一下你的私人关系,看看谁有兴趣面试他。在他还在公司工作期间,灵活安排他的日程安排,以便他有时间参加面试。此外,如果可能的话,听听他打算如何公布离职的消息。例如,他可能想先告诉自己最亲密的同事。

8. 如何决定是否需要其他人员(人力资源部门的人、

老板等）参与重要的谈话？

这要视情况而定。话虽如此，在某些情况下，让其他人在场是要谨慎的。如果你觉得谈话对方会针对谈话内容做虚假声明或指控，那就需要其他人在场，并确保有完整的会谈书面记录。如果你需要处理"各说各有理"的情况，那就先和双方当事人分别交流，然后再把两个人召集在一起聊。

9. 老板总是批评我，搞得我很烦。我怎么做才能让他不再烦我呢？

尝试以下的话术："路易斯，我一直努力尽我所能做好本职工作。但是最近你对我的工作非常挑剔，对我的表现很不满意。我做错了什么吗？"无论对方回答"是"还是"否"，你都要继续保持对话。要求老板明确他的具体期望以及评估你的表现的标准；你和老板要针对你的工作优先级达成共识；要求老板和你定期召开一对一的会议来评估你的工作表现，并希望老板在你没有达到预期时立即指出。当然，如果是我的话，我还会要求老板在我超预期完成工作的时候告诉我这一点。

10. 如何营造一种开放和安全的环境，让人们觉得他们可以来找我并进行困难的对话？

创造一种让大家都觉得可以公开分享，而不必担心会受到批评或其他不利影响的环境是至关重要的。这需要一种信任关系，这种关系来自于让他人看到你总是考虑对方的利益最大化，始终信守诺言，并且拥有真诚、直率的对话历史。在对话一开始，你就可以这样说："我认为我们应该一起讨论发生了什么事情。我知道这是一个非常敏感的问题。我向你保证，我们讨论的内容将仅限于你我知道。"当然，如果你过去曾经违背诺言，那么就没有必要这么说了。在某些情况下，如果房间里有第三方，对方可能会感到更有安全感和舒适感。另一个有用的策略就是询问对方是否需要做会议记录。如果有做记录，对方可能会因为有谈话记录而感到放心；如果没有做记录，你可以表示同意此次谈话不被记录在案。我一般会根据对方的喜好来决定。另外，要让这样的对话建立在相互合作的基础上，并表现出一定程度的谦逊，你可以说："非常感谢你愿意和我分享你的担忧。老实说，我也不知道如何更好地解决这种情况，但我很乐意和大家一起尝试找到答案。"

11. 我有幸获得了内部晋升，现在我成了一个曾经关系很好的同事的领导。我觉得他还在因为自己没有得到晋升而生气，他觉得他应该得到晋升。真的很尴尬。我觉得

我完全无法指挥他工作。

这无疑是最具挑战性的情况之一,需要秉持坦诚的态度进行沟通交流。你可以说:"伊莱亚斯,我知道你希望得到这次晋升的机会。我能想象你有多么失望,甚至生气。我希望我们能继续保持良好的合作关系。如果你仍然希望能够获得晋升,让我们共同努力来提高你的技能,以便下一个机会出现时你就是最佳人选。"此时,不能抱着我是你老板的心态。相反,要考虑给他足够的自主权。鉴于你们之前的关系,你是很了解对方情况的,因此可以给他适当安排一些额外的职责或机会。例如,如果知道他真的很想接受某个特定的培训,此时你就可以向他提供这些培训。如果这个人明显处于失望的悲观期,就需要和他进行一次真诚的谈话,帮他在组织中找到另一个角色。记住,对他要有同理心,并设想一下某个决定是否会产生相反的效果。

12. 我会粉饰我的意见,希望这样可以保护他人的感受,但这样做常常导致对方并没有明白我表达的重点。我怎么才能既舒服地表达看法又不让自己难受呢?

这是很多人都会遇到的挑战。首先自问一下:"你是否希望别人向你提供反馈意见时,也美化一下表达,以便不伤害你的感情?"应该不希望。因此,只要是从真正关心对方的角度出发，就可以直接说出你要说的话。给某人一些不痛不痒的反馈反倒是一种伤害。从长远来看，他很可能会因为你没有直接坦率地表达出来而生气。就我个人而言，我避免使用"三明治式"的沟通方法——正面反馈、批评、正面反馈。因为这样的沟通方式会淡化核心信息，所以我更喜欢专注于主要观点。当然，让你在此类对话中更加舒服的一个办法就是调整你的心态——你需要抱着提供建设性反馈的心态，你知道这对对方的成长和发展是很有帮助的。

13. 让困难的对话更有效果的最重要的一个因素是什么？

当然是保持合作的心态。之所以这样说，是因为这样的心态会让你展示出很多关键的行为，比如积极倾听对方并试图理解他的观点、寻求妥协、不让对方显得有错、尊重对方。任何以对抗心态为基础开展的对话都会导致适得其反的结果。

14. 如何处理一个困难对话，让它不会被认为是人身攻击，而是试图解决问题并实现共同的目标？

对话伊始就要对目标达成完全一致。例如，"我想确保大家有共同的方向。我们谈话的目的是解决客户的计费错误问题。"然后可以接着说："在我看来，在期望值方面我们存在一些沟通不良的问题，我们双方都需要在检查环节更加小心。我对指责谁并不感兴趣。这对我们的客户来说并不重要。我们只需要专注于解决问题。"如果合适的话，你也可以说："我意识到我一直试图把这件事的责任归咎于你，这显然是不公平的。我能想象到你会感觉我在攻击你，我为此道歉。"在绝大多数情况下，对方的反馈都会是："谢谢。我很感激你这么说。"这样，你们俩就可以集中精力处理手头的任务了。

15. 在开始一段可能令人不舒服或被认为是对抗性的对话时，人们犯的最大错误是什么？

使用指责或诋毁的语言会让对方处于防御心态。例如，"我不敢相信是你做了这件事""你当时在想什么"或者"你全都搞错了"。从一开始就令人不舒服和以对抗心态开始的对话，会导致双方在口头表达上变得更具防御性和/或攻击性。每个人都力图证明自己是正确的、对方是错误的。或者也可能是这样的情况：一方或双方可能非常厌恶冲突，以至于谈话始终无法真正触及核心。因为害怕冲突升级，导致核心问题从未得到充分解决。因此，你要专注于创建和维护让你和对方都能取得积极成果的健康对话。

16. 我向一名员工提供了批评性反馈，现在他完全没有动力工作了。我该怎么办？

听起来搞砸这件事的关键是"批评性的"而不是"建设性的"反馈。所以，正如我一直倡导的那样，可以直截了当地说："路德维希，我发现自从我们上次谈话以后你的工作热情有所下降。如果是因为我的反馈过于苛刻，我深表歉意。我说出来我的想法，是因为我希望你能成功。我说的哪些地方让你特别不高兴吗？"如果对方的态度也是真诚的，可以表达歉意。例如，"很抱歉我的评论让你觉得是批评。这不是我的本意。我很尊重你。老实说，我很喜欢你这种诚实的态度。"回到这个主题，你提供的反馈应该是富有建设性的，但你的目标绝不是让对方士气低落。你可以问问对方，希望你做些什么来帮助对方恢复状态。此外，确保对方为下一次任务的成功做好了准备，在他出色完成工作后给予真诚的表扬。

17. 每当我试图提供重要的反馈时，对方都会因为事情进展不顺利而指责我。

对于他人的反馈和观点，我会保持极其开放的态度，我甚至还会主动邀请对方提供意见。例如，我会说："伊比，报告的回收时间晚于我们商定的时间，我想讨论一下其中发生了什么。我想先听听你对这种情况的看法。"然后,期待着对方会来责怪你。请保持冷静,避免采取防御措施。你可以提出问题、给出解释,以表明你在努力理解对方的观点。主动承担你的责任:"你是对的。我应该确保你能早点拿到这些数字。我们每个人都要各司其职。我想讨论这个情况的目的就是确保大家都清楚接下来的职责和期望。"当然,不要让对方的指责阻止你追究他的责任。

18. 遇到撒谎、欺骗、剽窃他人成果的同事,你会怎么处理?还是说他本质上就是坏人?

在可能的情况下,尽可能少地和他打交道,并记录下任何不当行为。向你的经理和人力资源部门报告对方的恶劣行为。尽量通过电子邮件进行交流,以便保存对话记录。虽然你可能会忍不住,但要避免在背后说这个人的坏话。不要给他留下任何可以用来攻击你的机会。同时,和支持你的其他团队成员建立联盟来保护自己。

19. 某些人正是问题症结的所在,但他们觉得自己与问题无关,如何安排和这样人的对话呢?

首先,你需要在对话一开始让对方认识到问题确实存在。我会把"问题"一词替换为"关注点"或"挑战",因为人们往往愿意承认在解决问题时扮演了什么角色,而不是要自己对问题的出现负责。使用这种替代语言还可以让解决这个事情不那么令人生畏。很多人认为解决这个问题的前提是对方必须知道并理解他在"问题"中的角色，以便做出改变来解决问题。我会质疑这个假设。没有必要说服对方，让他们承认自己是问题的一部分，而要让他们成为解决方案的一部分。事实上，如果人们没有感受到指责，他们可能更愿意提供帮助。你的目标应该是为对方赋能，让他感到自己有能力采取行动，从而真正改善情况。考虑到所有这些因素，可以从一个开放式的问题入手，例如，"你对客户的担忧有何看法？"然后进一步探讨："对于让事情重回正轨，你有什么想法？"然后，你可以再问问对方："当前，你建议我们每个人应该做点什么？"总之，专注于达成共识——事情需要以不同的方式完成，然后围绕这个共识开展如何解决问题的对话。

20. 如果在谈话中对方开始变得非常情绪化，例如哭泣或大喊，甚至离场，我该怎么办？

如果这个人直接离场了，没问题的，随她好了。等待她在接下来的 24 小时内和你联系。如果她没有联系你，请你联系她。对于对方开始哭泣的情况，如果你觉得她能很快冷静下来，就待在现场、保持冷静。如果附近有纸巾盒，就递给她。如果对方依然非常情绪化，就建议她花些时间让自己冷静下来。如果对方大喊大叫，可以要求对方压低声音。如果她不这样做，就请她冷静下来之后再联系你，你可以离开会议室或结束视频通话。显然，所有这些反应都取决于你和这个人过往的关系如何。如果一个工作中的好友开始变得情绪化，你可以多提供一些安慰。

21. 我刚刚发现一位经验不足的新员工比我赚得多。我非常生气，想找老板聊聊。但如果我说出真实想法，我认为谈话不会顺利。我应该如何处理对话才能使其具有建设性而不是破坏性？

这个问题确实非常糟糕而且难以解决。我建议不要说出你知道其他人薪水的事情。我建议寻找一下市场平均水准的薪酬，研究一下你这样资历和经验的职位，一般都是怎样的报酬。如果你的工资很低，可以要求和经理开会讨论该问题并要求加薪。正如我的朋友珍妮所说："没有诉求就没有收获。"显然，这样的对话放在绩效评估的时候显得更加自然。所以如果你的绩效评估面谈即将进行，就索性等到那时再聊。如果你没有得到加薪，可以尝试商定在你达到某个绩效目标时获得相应的奖金或加薪。当然，另一个经典的方法就是给自己换一份工作。如果你真的想留在现在的公司,就提出来工资至少要匹配你的价值。

22. 有一位员工非常热情,总是提出一些想法和建议。但不幸的是,这些想法和建议并没有多大的帮助。我担心如果继续否定他的想法,他会变得没有动力。

在开始讨论为什么员工的想法行不通之前,请确定你绝对不是思想封闭的人。就我个人而言,我并不是一个擅长创新的思考者,我发现我经常会把那些"离谱"的想法视为不切实际。毫无疑问,接受别人的意见曾对我产生很大帮助。如果你认识到这一点并能够坦诚面对自己,就请尝试对员工坦诚相待:"提普,我喜欢你的热情,钦佩你富有创意的思维。我真诚地希望自己能够想出这样新颖的解决方案。你提了很多建议,但我似乎一直在否定它们。我担心这会让你失去动力,这是我最不想看到的。我尊重你的创造力,并希望确保团队从中受益。同时,我们需要确保我们能够切实执行你的想法。你同意我的看法吗?"此时最有可能得到的回答是同意。而对于你来说,这已经打开了通往非常富有成效的对话的大门。

23. 我习惯了面对面开会,但是现在都是视频会议。尤其是要用视频进行一个困难对话的时候,我的做法应该

有所不同吗？

从根本上说，方法应该是相同的——带着明确的目标和积极的心态参与讨论，并使用你学到的策略和工具来促进健康的对话。可以用介绍性的陈述来开始会议，例如，"我更愿意面对面地聊聊，期待在不久的将来这一切可以实现。"确保注意到任何可能暗示对方想要说话的非语言信息。当然，结束对话的方式会有所不同。面谈结束的时候，你会握手（或碰肘）并一起走出会议室，可能还会伴随着小小的闲聊，总之结束是缓慢的；但是视频会议只需点击鼠标即可结束。因此，准备一个简单、周到且清晰的结束语，例如，"尹，我很喜欢这次谈话并期待着后续的跟进。希望你今天过得愉快。"根据你们的关系和谈话的进展情况，你可以选择更个人化的方式结束会谈。例如："请代我问候约翰。预祝莉娜的大学申请顺利。"

最重要的也许是，要认识到员工在家工作时可能会面临许多压力。因此，如果你打算进行关于绩效问题的对话，请考虑给员工一些余地，并对他的实际情况给予同理心。比较恰当的做法是：先充分了解员工可能面临的挑战，然后讨论你会如何支持他。

附录 B　场景和脚本

以下脚本均源自真实场景。当然了，一定要认识到没有任何脚本是普适的。处理特定情况最有效的方法取决于诸多因素，例如事件背景、你与对方的关系、你的个性和对方的个性、问题的历史以及结果的重要性等。每一种情况都是独一无二的，没有唯一正确的方式来进行一次重要的对话——如果说有的话就是专注于达成健康的对话。要学会灵活使用在本书中学到的工具和策略，注重你自己的经验和常识与这些工具的结合，以更好地帮助指导、引导对话。

注意：出于隐私保护，脚本中的姓名都是化名。本书已经在致谢中对参与者表达了感谢。

场景#1

安娜是一名心理健康从业者，最近六个月一直在一家住院治疗机构工作。在此期间，发生了几件事情，让她觉得上司桑德拉不尊重她。她开始考虑辞职。然而，她喜欢这份工作、喜欢身边的同事。如果能得到更好的对待，她愿意留下来。为此,她决定和桑德拉谈谈她的困扰。

安娜:"谢谢你能和我面谈。我想和你谈谈一些我觉得你不尊重我的临床判断和决定的例子。"

桑德拉:"我不明白。我非常尊重你和你的技能!"

安娜:"真的吗?但我通常很难看到这一点。我觉得你好像不欣赏我的经验和观点。例如,在我们最近的团队案例审查会议上,我说我将对史密斯先生进行某项临床测试。而你没有进行任何讨论就命令我去做另一项临床测试。在同事面前,我感到尴尬和不受尊重。"

桑德拉:"我之所以推荐另外那个测试,是因为我觉得它会更快地结束这个案子。"

安娜:"哦,我不知道。但是,我是负责史密斯先生测试工作的临床医生。在我看来,我选择的测试可以提供更好的临床数据。哪怕你事先能给我机会讨论这个问题也好。另外,因为你临近会议时间才通知我去参加会议,我没办法重新安排工作日程,这也让我感到不被尊重。然后,很自然地,你的老板说无法接受我的缺席。"

桑德拉:"哇,听到这一切我真的很抱歉,真希望我能早点知道这些情况。我很感激你来找我。我们经常谈论尊重客户的重要性,但显然,在这些事情里,我们没有足够地尊重你的意见。这可能反映了我们文化中的系统性问题。你是团队的关键一员，我不想失去你。请告诉我你的真实想法。"

安娜："我想在这里工作。我想帮助改善这里的文化。我认为我们需要改善沟通并营造更加协作的氛围。在这种氛围中，每个人的意见和想法都能得到倾听和重视。随着透明度、自主权和决策责任的增加，人们会感到更受尊重。我知道我会做出努力的。"

桑德拉："安娜，我完全同意，并承诺会与你和其他员工一起改善团队文化。感谢你愿意分享所有想法并感谢你对团队的无私奉献。"

场景#2

销售员杰夫需要与一位不讲道理的重要客户进行对话。客户要求以某种特定的方式装箱。现在装箱已经按要求完成，但是客户声称这不是他所要求的。杰夫为此安排了一次视频电话会议。

杰夫："早上好，哈尼什（此处省略许多客套话）。今天想和你聊聊上周订单号为0621的货物。我了解到你对交付不满意。你能和我聊聊这个事情吗？"

客户:"是的,我们收到了一箱零件,它们是散装的。我们期望堆叠包装这些部件。我们打开盒子时,到处都是零件。而且一些零件已损坏,我们无法使用它们。"

杰夫:"理解,显然这是一个令人沮丧的情况。你有机会把照片寄给工厂吗?"

客户:"不,我们没有时间。"

杰夫:"哈尼什,我们想把事情做好。我们需要你的帮助来获取照片并记录发生的事情。了解零件是在运输途中损坏的还是离开我们工厂的时候就已经损坏了,这非常重要。你什么时候能有时间拍下照片发给我们呢?"

客户:"今天下午我会让他们通过电子邮件发送。我什么时候能收到替换零件?"

杰夫:"哈尼什,你是我们的长期客户了。我们将竭尽全力让你恢复生产。如你所知,我们没有这些零件的存货。我们全部是按订单生产的。我们还需要了解在运送零件与接收零件之间是否存在脱节。订单上的规格说明写的是'零件应散装和双袋装'。"

客户:"我的一个同事打电话给你的工厂经理,告诉了他我们需要堆叠包装。很明显,是你们有沟通问题。"

杰夫:"哈尼什,你知道我们必须按订单上的规格信息发货。未经书面批准,我们是不能更改包装的。这会让我们很难办。本周内为你提供零件是很有挑战的。我建议先修复损坏的托盘,这样你可以重新投入生产。如果能在你的工厂进行分类的话,我们可以为损坏的部件提供质保。"

客户:"这听起来很合理。"

杰夫:"太好了。与此同时,我们需要你更新规格信息,标明堆叠打包。我会和工厂一起合作修改报价的。"

客户:"没问题,我可以做到。谢谢。"

场景#3

刚刚MBA毕业的团队新成员威廉与工作了20多年的团队成员贾思敏的合作遇到了困难。威廉和他的经理瓦尼亚就这种情况进行了讨论。

威廉:"谢谢你今天抽出时间来和我谈话。我和贾思敏一起工作真的很困难。"

瓦尼亚:"告诉我出了什么问题。"

威廉:"嗯,我试图给团队带来新的想法,以提高我们的工作效率、减少一些手动流程。但她在会议上打断了我,而且对我的任何建议都不感兴趣。"

瓦尼亚:"谢谢你来找我解决这个问题。也感谢你为改进我们的工作流程所做的努力。有一件事你可能不知道，但它会帮你了解为什么贾思敏会有这样的反应。你知道吗？我们目前使用的方法和流程都是贾思敏10年前开发的，所以她可能很难接受你想要做出的改变。"

威廉："我不知道。我当然没有冒犯她的意思。事实上，考虑到当时的技术水平，她创造的东西真的很创新。但现在，如果通过使用新的计算机建模方式，我们可以更有效率。那么我该如何与她更好地合作呢，你有什么建议吗？"

瓦尼亚："你可以先让贾思敏告诉你，当时她所做的改变以及她这样做的背后动机。我想你会发现其实她也想提高效率。邀请她参与讨论，让她谈谈她认为哪些地方目前运作良好，哪些地方可能有改进的机会。她比任何人都更了解当前的系统，她可以帮助你在进行改进之前充分了解它们。你首先要表现出对她和她的成就的尊重，然后你才能赢得她的尊重并获取她宝贵的意见。记住，在开始尝试建立新系统之前，先建立好你们之间的关系。"

威廉："谢谢。这是一个很好的建议。我想是因为我的行为方式被她认为我傲慢并且不尊重她。我今天就去联系贾思敏，为我的言行道歉。"

瓦尼亚:"太好了!我想她会很容易接受的。让我知道事情的后续进展情况。"

场景#4

新上任的传播副总裁达娜有点找不到工作的方向。担任该职位90天后,很明显,她正在推动的项目并非首席执行官鲁彭设定的优先事项。达娜的同事詹姆斯是人力资源副总裁,也是达娜的朋友。在和鲁彭的谈话中,詹姆斯得知他对达娜的表现不满意。詹姆斯想要帮助达娜,他安排了和达娜的视频会议。

詹姆斯:"达娜,我想听一下你在这里工作的进展情况。一切都是按你的预期或希望进行的吗?我能做些什么来帮助你理顺这里复杂的关系吗?"

达娜:"谢谢。我认为一切都很顺利。我已经建立了一些良好的关系,而且在某些领域产生了影响。我在吸引史密斯参议员的关注方面取得了很大进展。我们是重要的公司。他知道我们是谁,以及我们在该州的规模有多大,这很棒。我很高兴在我们通话之后,他同意下个月来参观制造工厂。"

詹姆斯:"恭喜!拥有这种关系在未来可能会非常有

用。老板说的其他一些优先事项，你是怎么处理的？据我所知，内部沟通项目是老板认为的工作重点。"

达娜："我做了几件事。我安排了一些全员会议，现在正在写关于他的那篇新闻稿。不过，我确实希望他对我的想法更开放一点。这里有很多可改进之处，他聘请我来也是想让我做些不同的事情。如果有更多的自主权和资源，我就可以做到这一点。"

詹姆斯："我觉得你能考虑大局是件好事。当然，鲁彭觉得他把你招聘来的一个主要原因就是推进内部沟通项目。"

达娜："但我觉得，如果能够开始实施有效的政府事务项目，我就可以做出更多贡献并在组织内产生更大的影响。"

詹姆斯："我想给你一些同事之间的建议。你的工作议程和老板的保持一致非常重要……而不是反过来。你必须完成他所说的优先事项，把他的战术计划上的工作逐一完成。只有你这样做，他才可能会给你更多的自主权来处理其他项目。"

达娜："我真的很感激你对我坦诚相待。在我和老板的沟通中，我觉得鲁彭没有说得那么清楚。或者也许他有，而我只是不想听。不管怎样，现在是我纠正错误的时候了。谢谢你的支持。"

场景#5

人力资源部经理德文最近与贝托管理的IT部门的员工进行了两次离职面谈。两位员工都提到贝托的管理风格、对待下属的方式是他们辞职的原因。具体来说，他们提出贝托经常提高嗓门并公开批评团队成员的表现。基于这些面谈，德文决定对贝托进行360度评估。以下对话发生在解读报告的时候。

德文："贝托，这是你的360度评估结果，我想和你一起讨论下这个结果。（他递给贝托一份报告复印件。）你看，在以下这几项上，你对自己的评分和你的直接下属的评分差距很大：'对反馈和建议持开放态度''尊重他人''以建设性的方式提供批判性反馈''谦虚行事'和'促进团队合作'。"

贝托："也许吧，但我的经理和同僚给我的分数应该更高一些吧。"

德文："没错。但是，即便经理和同僚给的分数也是低于你的自我评价分数的。你几乎在自我评价的每个项目上都勾选了'强烈认可'。你似乎没有看到自己改进的机会,但其他人却看到了。发现这些认知上的盲区对于制订发展计划非常有帮助。"

贝托:"如果你看看我上次的绩效评估结果,你会发现经理给了我最高的分数,我的奖金也是最多的。"

德文:"令人担忧的是,你的员工在某些选项上给你的打分始终很低,而这些选项代表的素质对于一名带队伍的经理来说是很重要的。"

贝托:"我设定了高标准,让人们承担责任,这样才能取得成果。还有什么比这更重要吗?"

德文:"实际上还是有的。这包括培养和发展你的员工、督导和指导、培养团队合作以及成为公司价值观的榜样,等等。反之,提高嗓门说话、贬低团队成员在这里是不可接受的做法。"

贝托:"你想告诉我什么?"

德文:"根据我和你的经理、同事和团队成员进行的360度评估对话,我决定聘请一名外部教练在未来六个月内与你一起工作。届时我们将进行后续的360度评估来确定你的人际技能和管理技能是否有所进步。"

贝托:"我不需要教练来告诉我如何管理人。"

德文:"数据表明并非如此。我希望你能在公司的文化氛围中取得成功。但如果你不能或不愿意改变你的管理风格,恐怕我们将不得不分道扬镳。"

贝托:"如果与教练一起工作是我保住工作的必要条件,那么我同意。"

德文:"我希望你保持开放的心态。这位教练非常出色,接受这样的训练没有坏处,只有好处。"

贝托:"好的。我会努力。也许教练可以教会一只老狗新把戏。"

场景#6

首席商务官布莱恩需要一些新想法来修复他的部门与另一个为客户准备报价文件的团队之间的关系。他从自己老板那里得到了反馈:他需要停止为他的员工做所有的决定,并开始邀请他们参与决策。他安排了一次小型线上团队会议,以更好地了解关系恶化的原因并集思广益想出一些解决方案。他请熟悉情况的同事加布里埃拉参加会议。会后,加布里埃拉和布莱恩留在电话中进行会议总结。

布莱恩:"刚刚发生了什么?我花时间召开团队会议的目的是收集意见,尝试让大家一起合作来解决问题。但我得到的只是茫然的眼神。我应该从一开始就自己处理情况。"

加布里埃拉:"可以看出会议进展得不顺利,这种情况不是第一次了吧——你的团队在你征求他们的意见时保持沉默。"

布莱恩:"没错。他们从不说话,从来不会提供任何解决方案。但他们只会抱怨并指出什么是行不通的。"

加布里埃拉:"你有没有想过可能是你的原因导致他们如此沉默的?你是否曾经说过什么话或做过什么事情阻止了这种双向沟通?"

布莱恩:"你是什么意思……我做了什么?我是老板,他们应该为我征求他们的建议感到高兴。"

加布里埃拉:"你可能是对的,咱们一起梳理一下这个问题。当员工提出你认为行不通的建议时,你会怎么做?"

布莱恩:"我会告诉他们我在想什么……我不想浪费时间去探究一个不能完成工作的、半生不熟的想法。"

加布里埃拉:"你似乎已经告诉团队这是一次头脑风暴会议,因此大多数人认为这是一次可以不被评判地分享任何想法的会议。但你是否停下来想过,如此迅速和否定的反应是在传递一个信息,即你只想听和你的想法相符的建议？你真的不愿意听取别人的意见吗？如果你真的不想听取团队的想法，那你就应该自己做决定。但是，你身边有一些非常聪明和有才华的人，我不希望一个好主意从你身边溜走。我的建议是你召开一个会议，你所做的就是倾听、确保你理解他人的建议。不要做任何评判，看看他们都能想出什么。"

布莱恩："好吧，我想你是对的。我确实有一些很棒的团队成员，我确实想听听他们的想法。我知道我有时会很固执并且'守旧'。尽管你的建议肯定会违背我的本性，但我愿意尝试一下。感谢你的支持和建议。"

加布里埃拉："不客气。你的团队成员会因此而感到更受尊重，我相信你会看到他们更多地参与、投入。"

场景#7

项目经理莫莉的部门工作效率低下，为此公司总裁亚瑟需要和她开会讨论一下情况。该公司最近被新东家收购，莫莉被请来改善项目业绩和执行力，但她的影响力却令人失望。尽管进行了多次讨论，但她的团队并没有让关键项目保持正常运作，而且她似乎对这种情况漠不关心。

亚瑟："莫莉，谢谢你过来。我想听听关于这个项目的最新消息。我从几周前的最后一次谈话中得知,你们的团队未能按时完成任务,也没有按预算进行。我曾要求你向我汇报最新的项目进展,但我没有收到你的回复。"

莫莉:"团队取得了巨大进步。我们仍在不断地发现事实,当然也遇到了一些挑战,但这一切都提供了很好的学习机会,将使我们的最终产品变得更好。顺便说一句,你可能知道,我的团队今年自愿接管公司的野餐活动,并对此感到非常兴奋。"

亚瑟:"莫莉,很高兴听到野餐计划进展顺利,但我真的需要你专注于让项目重回正轨。也许我没说清楚,这个项目对公司非常重要,我指望着你和你的团队。高层管理人员的看法是,该项目已经陷入困境太久了。我们需要迅速看到实质性进展。有什么我应该知道的或可以帮助你的,能让项目回到正轨吗?"

莫莉:"我很高兴你这么问。我需要再聘请两名分析师。我的团队现在面临严重的人手紧缺情况,尤其是微软的培训和假期安排马上就要进行了。前几天我在领英上寻找了一些潜在的候选人。可以请人力资源部的朱利安安排一些面试吗?"

亚瑟:"实际上,莫莉,事实并非如此。你应该在部门经理会议上听到了，我们正在以令人不安的速度失去客户。我给你的项目对于弄清楚我们需要在定价、营销和服务履行方面做什么是至关重要的。如果局面无法迅速好转，我们将面临裁员和预算削减的困境。"

莫莉："嗯，我想我没有意识到这件事情有这么严重。听起来销售和客户服务部门真的需要开始加足马力加油干了。"

亚瑟："莫莉，确保每个人都在努力工作才能事半功倍。我要和你交个底，高层管理人员正在对你的领导力失去信心。坦率地说，我也是如此。如果你无法使项目重回正轨，我们将不得不考虑其他选择。我要求你尽快给我一份带有具体时间范围的修订计划。接下来，我想在每个星期五下午安排一对一的跟进会议，以便我能确切地知道项目的进展。请与人力资源部一起重新安排培训。我说清楚了吗？"

莫莉："说清楚了。很抱歉我没有完全理解这个项目的情况和紧迫性。本周五你会拿到一份详细的工作计划。你现在还有什么需要我做的吗？"

亚瑟："没有了。我很感激你能让事情推进下去，并期待着周五的会议。谢谢。"

场景#8

新员工马克没有咨询部门经理莉亚的意见,就自己更改了工作表格。莉亚打算和他聊聊这件事。

莉亚:"你好,马克。我发现你最近对我们的员工注册表进行了一些更新和调整。"

马克:"是的,我看到表格上有很多无用信息。所以我就和IT人员合作删除了附加信息。这将简化我们的注册过程,并使参与者的注册过程更快、更短。"

莉亚:"马克,我很欣赏你的主动性,我们始终重视提高效率、改进流程。但是,其他部门需要我们收集这些信息用于年度报告和向投资人汇报。我们需要提供参与者的主要信息。虽然在我们的流程中不会使用这些信息,但收集它们确实很重要。"

马克:"我不知道其他部门会需要这些信息。是否可以向参与者发送后续调查或通过其他手段来收集这些信息?"

莉亚:"我们过去曾试图通过调查和其他形式的活动来收集缺失的信息。不幸的是,这些调查的回复率只有大约20%,这就导致我们的数据很不完整。如果他们在注册的时候能够提供相关信息,就可以确保我们能够收集和提供组织所需的所有数据。"

马克："对不起。我不知道。"

莉亚："我鼓励你继续思考、展示可以改进工作流程和参与者体验的方法。但下一次，让我们先讨论一下你的想法、召开内部会议，以便大家能够充分了解变化的影响，来确保我们的想法是一致的。"

马克："听起来很不错。"

场景#9

桑杰和彼得是一对死党，他们一起创办了一家初创公司。令人高兴的是，该公司取得了成功，并发展到了40名员工。在此之前，他们俩一直担任联合首席执行官。这在公司只有几个人的情况下运作良好，但在拥有40名员工的情况下，这一制度开始变得力不从心。桑杰决定找彼得进行一场困难的对话。他希望他们中只有一个人担任首席执行官，这样领导结构会更加清晰。

桑杰："关于公司的管理结构，我需要和你谈谈。"

彼得："哦，真的吗？这是怎么回事？"

桑杰："我收到员工的反馈，他们并不总是清楚谁对某些关键战略问题做出最终决定。虽然我们通常在90%的问题上保持同步，但当我们持有不同观点时，员工很难应对。"

彼得："我明白了。那你有什么提议？"

桑杰："很长一段时间以来，我们基本上都是采取联合首席执行官模式，但现在公司拥有如此庞大的团队和不同的部门，我认为我们应该选择一个人担任首席执行官。我真的很想担任这个角色。我建议你担任首席财务官。这样，我就可以专注于和领导力相关的工作，而你则专注于创收。显而易见地，在为公司制定重大战略决策时，我们的关系仍是合作伙伴。但当我们意见不同且需要做出明确决策的情况下，希望你能委任我来代表公司的利益。"

彼得："好吧，这不是一件容易的事。我从来没有想过这个事情。让我睡觉的时候想想，然后我们再继续讨论。"

几天以后。

彼得："好，最近我认真反思了一下你的提议。起初，当你提出这个改变时，我觉得行不通。多年来我们一直担任联合首席执行官，我认为它运作良好。所以我的第一反应是'不可能'！但是当我反思时，我开始从员工的角度理解：如果员工从我们这里得到两个不同的答案，他们会陷入困境。从他们的利益出发，我同意你担任唯一的首席执行官,但前提是我们双方都承诺,在为组织制定重大战略决策时我们是平等的合作伙伴。"

桑杰:"当然了。相信我的承诺。太感谢了。在我见过的任何人、经历过的任何公司里,你所做的是最无私的。这让我想起了为什么我一开始就觉得我们会成为很好的商业伙伴。"

尾声:设立唯一首席执行官的决定被证明是正确的选择,因为它让员工对公司的领导结构有了明确的了解。桑杰和彼得继续一起合作制定公司关键战略决策,并共同引导这家初创公司成功被一家上市公司收购。直到今天,他们仍然是好朋友,最近开始在他们的下一个商业机会中合作。

场景#10

露露是一名刚刚加入团队的女性设计顾问。她投诉男同事帕特里克对她进行性别歧视的工作骚扰。人力资源经理达里尔领导了本次调查工作,并确定这些指控不构成骚扰;但也认定双方都存在不利于营造积极工作环境的行为。因此,双方都应该接受关于职场尊重的培训。与帕特里克的讨论进行得很顺利。然而,与露露的对话更具挑战性,因为她拒绝承担任何责任。

达里尔:"早上好,露露。今天早上我想和你跟进一下指控同事帕特里克的事情。如你所知,我们对你的疑虑进行了调查,现已完成。我想和你讨论一下调查结果。"

露露:"太好了,我很期待听到会对帕特里克采取什么行动。"

达里尔:"我先梳理一下调查的步骤。我们和你、帕特里克、你们的经理和几位每天都与你们双方打交道的同事进行了交谈。我们要求每个人提供他们看到的你们二人交往互动的非常具体的实例。我们从这些证人的陈述中逐渐发现一些端倪。"

露露:"我敢打赌存在歧视。然而,这是一个男性主导的公司,我相信他们都站在帕特里克一边。"

达里尔:"我们通过调查确定,帕特里克在与你的一些交流和互动中,存在一些无心的、不当的、自认高人一等的言行。但它们并不构成所谓的骚扰。"

露露(小声):"我知道了。"

达里尔:"尽管如此,我们会继续与帕特里克合作,帮助他了解同事、客户和其他人对他的行为和评论的负面看法。事实上,正如你在最初的投诉中提到的那样,'帕特里克似乎正在努力改变'。"

露露:"所以你的意思是我需要忍受。我拒绝,我拒绝被置于必须与他交往的环境里。"

达里尔:"露露,鉴于我们的调查结果,帕特里克将参加有关职场尊重的培训,我们希望你也去参加。"

露露:"听着,我不会接受的。我拒绝和帕特里克一起工作。"

达里尔:"露露,在调查过程中,帕特里克表示出对你的态度的担忧。事实上,他发现你的态度过于咄咄逼人,让他感到不舒服。与我们交谈过的所有人都提到了同样的问题,而且我们也从最近供应商的来电中得到了验证。我们被告知,在你参观公司客户之后,你曾经打电话给客户并要求撤下张贴在他们工作站上的日历。先不去评论日历是否合适,我们公司有一项政策:你可以直接向人力资源部或你的经理提出此类投诉;但你不应直接与供应商或客户联系,毕竟这样的行为只有公司代言人才能做出。"

露露:"那个日历确实令人反感,我有权为自己挺身而出。我不想陷入不舒服的境地。"

达里尔:"没错,露露。我同意你的看法,公司不希望你处于任何不舒服的境地。下一次你应该先联系我,或人力资源部门的同事，或你的经理。我们会决定采用最佳的方式联系客户并向他们提供反馈。"

露露："所以，归根结底，你现在是说这是我的错！"

达里尔："露露，我们希望你在工作中感到舒适并获得成功。但同时我们也有责任为他人营造积极的工作环境，并需要解决他们提出的任何问题。"

露露："我怎么做错了呢？你这是在试图责怪受害者。我才是受害者。"

达里尔："露露，有人抱怨在与他人交流的时候，你的语气和言语都让对方感到不舒服。在你对帕特里克的回应中也出现了同样的情况，这也引起了他的经理的注意。我相信在此之前已经和你提到过这一点。我提出它只是为了强调我们在全面地审视当前的情况，并希望帮你们俩建立积极的工作关系。"

露露："听起来你是站在帕特里克一边的。我没有做错什么。"

达里尔："公司一直在努力改善员工的工作环境，而培训是实现这种改善的一种方式。公司的政策是：当出现此类指控时，双方员工都必须参加培训。这种培训本质上不是强制的，也不是任何形式的打击报复，希望你不要有这种感觉。它本质上是教育性的,帮助员工理解在和同事、经理或其他个体打交道的过程中,当大家的意图不一致的时候大家会对同样的信息做出何种不同的反应,以及一名客观的旁观者会如何评价他所看到的互动。"

露露(激进地):"在我参加培训之前,我需要了解一下这家培训公司的具体情况、他们的评估程序和他们的资质。"

达里尔:"请放心,我们已经对培训公司及其培训师进行了全面的审查。我想让你知道的是:你是团队中的重要成员。我们将继续认真对待你的担忧,并与你和所有员工合作,以确保工作环境尽可能健康和高效。考虑到这一点,我想重申,对于你在信函中提到的帕特里克的不当行为,公司过去和将来都不会宽恕的。如果他不顾我们的警告、内部辅导和外部培训而继续那么做的话,请你直接与我交谈。"

场景#11

埃文德是分拣部门的轮班组长。他在公司工作已经大约一年了。在面试过程中,他很清楚公司价值观和文化是重中之重。埃文德是一位高绩效者:他在掌握新技能方面非常出色；在生产方面他的进步是一流的；而且他的团队反馈是他们真的很喜欢和他一起工作。工厂经理鲍勃决定组建一个跨职能团队来处理部门之间的隔阂。他要求埃文德参与项目。埃文德参加了最初的几次会议并提出了一些很好的意见，但后来就不再露面了。鲍勃很担心，希望埃文德来找他聊聊。

鲍勃："埃文德，在跨职能团队会议期间，我们没有听到你的观点。这是怎么回事？"

埃文德："我把生产作为团队的第一要务，正如你所知，数字证明了这一点。我的时间最好和我的队员一起在场上度过。"

鲍勃："埃文德，毫无疑问，你的团队很成功。事实上，他们的成绩超出了目标。同时，团队之间的良好沟通和协作也很重要。安全必须是第一位的。你知道我们强调文化的重要性——在提供优质客户服务以及培养员工忠诚度和自豪感方面，我们将其视为自己的秘诀。"

埃文德："我同意安全很重要，但有时我认为我们做的太夸张了。我们的程序甚至有点矫枉过正。谈到文化，我强调个人责任感和努力工作。我的目标是让我的团队超越其他班组，正如你所看到的，我的方法正在取得成效。而参加这些'感觉良好'的会议会让我远离我的团队、远离真正要完成的工作。"

鲍勃："埃文德，这非常令人担忧，尤其是作为我们团队的一名领导者，你应该成为我们价值观的榜样。在面试过程中，我们都明确表示要致力于践行核心价值观并支持公司文化。"

埃文德："是的，我记得看过入职视频，甚至还签署了一些关于支持价值观和文化的文件。这一切都很好。但你付钱给我是为了完成一项工作，而我完成了。你看，我没有四处走动，告诉人们不要安全行事；对于其他团队的人来说，我也没有表现得像个混蛋。老实说，我不明白问题是什么。"

鲍勃："好吧，这令人沮丧，但我很感激你对我坦诚相待。你是一个有才华的人。我尊重你的职业道德。但我们公司的价值观和文化是不可协商的，必须放在首位。今天正好是周五，请你周末好好想想这里是否适合你。"

埃文德："好的，我会这样做的。"

周一，讨论继续进行。

鲍勃："埃文德，希望你周末过得愉快。我想跟进一下我们上次的谈话。"

埃文德："我对我们讨论的内容进行了很多思考，甚至和我的员工、和另一位轮班主管进行了交谈。他们和我分享了价值观对他们的重要性，以及价值观是他们在这里工作的原因之一。我现在明白了是我低估并且没有完全体会到公司文化的重要性。我想重新参与跨职能团队会议。我深表歉意。"

鲍勃："埃文德，我很高兴你能花时间与团队成员交谈，也感谢你调整自己的心态。当然，欢迎你回来参加会议，期待你的投入。"

埃文德："非常感谢。"

场景#12

保罗是一家公司的创始人和所有者。他的公司是一家儿童手工艺品制造商。他聘请了大学实习生丹尼来帮忙解决公司的技术问题。在丹尼工作的第二天，保罗听到丹尼在工作时骂人。虽然保罗肯定丹尼只是对着电脑大喊大叫，但保罗仍感到很失望。因为公司非常注重培养家庭价值观导向的氛围，丹尼的这种语言在这样的文化环境中不应该存在。第二天早上，他让丹尼到他的办公室来。

保罗:"丹尼,我们都很高兴有你在这里,尤其是我。我知道你一定会成为团队的重要资产。我需要向你道歉,因为当我们第一次见面时,我告诉过你公司的情况,但我没有强调公司的文化和价值观的重要性。"

保罗递给丹尼一份公司基础文件的复印件,其中包括公司的愿景、使命和指导原则,并请他阅读。随后,讨论继续进行。

保罗:"所有团队成员都相信并支持这份文件所写的内容,这一点非常重要。它创造了我们的文化,是本公司如此特别的原因。第一次面试时没有要求你阅读它是我的错误。你对读到的内容有什么感觉?"

丹尼:"哇,我认为这很棒,我绝对支持公司的主张。我知道你为什么要和我谈话了。"

保罗:"为什么?"(对自己微笑,因为他知道丹尼"已经明白了"。)

丹尼:"因为我昨天骂人了,这违背了公司的原则和文化。我向你保证,它永远不会再发生。"

保罗:"丹尼,谢谢你。"

尾声:丹尼再也没有骂人。这份实习对他和组织来说都是一次美妙的经历。而保罗从未再犯同样的错误：每一次面试开始的时候，他都会分享这份基础文件。他看到所有团队成员每天都在努力将其转变为现实并为之感到非常自豪。

附录C　视频会议的最佳实践

你在本书中学到的技能和策略既适用于面对面的对话，又适用于视频会议的对话。首先做好准备，然后以一种参与和协作的心态去加入会谈，举止行为表现出尊重，促进健康的对话。当然了，如果是进行批评性对话，要考虑一些不同的重点。（虽然在很多情境下远程视频会议是有用的，但当涉及挑战性的对话时，我强烈建议你"面对面"地进行这些对话。）

远程对话的最大弊端是你无法解读肢体语言，并且更有可能被你和对方各自环境中的事情干扰。如果对话双方变得情绪化，局面变得紧张，并恰巧被家庭成员听到，对话一方或双方可能会感到很尴尬。一般来说，如果家里有小孩，他在开始谈话的时候，可能已经处于沮丧、有压力和分心的状态下。

远程视频往往是一种更"冷静"的媒介。与面对面会议相比,人们在视频会议期间不太可能变得情绪化。在某些情境下,征得其他人的同意后,可以做一下会议记录。在这种情况下,人们更有可能保持冷静和理性。视频会议的另一个优点是:如果一方或双方变得过于情绪化,只需单击鼠标按钮即可快速结束对话。暂停一下变得如此简单!

除了本书中学到的技能和策略之外,这里还有一些视频会议的最佳实践供参考。

环境

远程工作时,你的目标应该是尽可能地模拟专业的工作环境。显然,拥有一个专门的家庭办公室是理想的,但这对很多人来说并不容易做到。无论你参加视频会议时所处的物理空间如何,以下是一些一般提示:

1. 为了你和他人的方便,请尽量选择一个没有噪音和干扰(例如宠物、儿童和道路交通)的地方。如果是和其他人住在一起,请通知他们你的会议何时开始以及何时结束。

2. 确保你的背景干净、简单、整洁。一些视频平台允许你模糊处理背景,我认为这很有用。

3. 灯光对于他人的观看体验至关重要。你不想看起来筋疲力尽，或看起来像是在掩体里。一般来说，可以尝试使用柔光灯。

衣着

一般来说，在面对面的会议中，穿着只需适当即可。但在视频会议的时候，可以选择纯色或颜色醒目的衬衫，避免那些在屏幕上无法很好地展现的条纹和图案，要确保整洁。在首饰或其他配饰方面，要确保简单，并选择在移动头、手或胳膊时不会产生噪音的物品。

技术

你使用的设备会对你自己和他人的体验产生巨大影响你可以考虑购买的设备包括：

1. 大屏幕显示器（很多人发现双显示器非常有用）；
2. 高品质外置网络摄像头；
3. 优质舒适的带麦克风的降噪耳机；
4. 可靠且高速的无线网络；
5. 白噪声机可以消除令人分心的声音；
6. 舒适的靠背椅。

主持人的会前步骤

各种技术原因会导致视频会议出错,但主持人可以采取如下几个步骤来增加与会者顺利召开会议的机会:

1. 在最佳实践方面,应至少提前三天发送会议邀请和议程。如果与会者需要做很多准备工作,就应该更早发送。

2. 除了发送日历邀请之外,在电子邮件中应包括会议链接、呼入号码,以及会议议程。

3. 如果需要发送更新的会议邀请,例如新的会议链接或时间,请所有与会者确认收到了更新的信息。如果在会议开始前四小时内没有收到某位与会者的回复,请直接与对方联系。

4. 在预定的会议开始前 5 到 10 分钟登录会议。

与会者的会前步骤

作为会议参与者,要考虑的不仅仅是像面对面会议那样露面而已。应该做一名负责任的同事,并遵守以下每一项建议:

1. 始终把电话放在身边,作为紧急备用。

2. 关闭不必要的程序以减少干扰并提高计算机性能。

3. 在一臂距离内准备一瓶水和纸巾。

4. 关闭手机的铃声、将任何接收电子邮件和短信的设备静音。如果必须监控来电或消息,请在会议开始时让其他人知道这一点。

5. 如果可能,请提前三到五分钟登录。(作为一般提示,在任何会议前五分钟设置提醒。可以在弹出式日历提醒、手机上设置闹钟。)

会议期间

以下提示对于所有会议参与者都非常重要,并且应该成为贵组织的标准做法:

1. 登录后,检查一下你的音频和视频,确保它们都可以正常工作。确保麦克风静音、扬声器图标打开、音量设置适当。

2. 首次登录后,你可能会看到自己的视频图像。确保摄像头与视线齐平,并且大约一半的躯干正对着画面。大多数人不喜欢在视频中看到自己并选择关闭自我预览的小窗。这样做是可以的,但这样你就失去了视觉提醒,并且可能会不自觉地做出不想被他人看到的面部表情。我建议如果是可选项，就在屏幕上保留自己的缩略图。确保画面背景如你所愿，照明已调整好。

3. 请其他人确认你的视频和音频的质量。

4. 不说话时保持麦克风静音。想讲话时，记住取消静音。

5. 在会议开始时，提前就任何潜在的噪音或干扰道歉。

6. 如果要低头记笔记或转头查看显示器，请告知其他人。

7. 说话时尽可能清晰，确保你的手没有放在脸附近，以免影响你的声音。如果你总是语速很快，请努力放慢节奏。如果你习惯轻声说话，请提高音量。

8. 保持目光接触并让面部表情传递出认真参与和积极倾听的信息。在面对面的会议中，注意力往往集中在发言者身上，而不是其他人。但是，在视频会议中，你可能也总是出现在屏幕上，并且在整个会议期间对所有参与者都可见。因此，诸如打哈欠、不良姿势、移开视线、发短信、坐立不安、发送电子邮件和阅读等行为会非常引人注目。视频会议通常远优于纯音频会议或电话会议，因为它让参与者感觉彼此更加投入，并大大减少了纯音频会议期间常见的同时处理多任务的情况。

9. 如果必须暂时离开会议，例如接听紧急电话或去洗手间，请通知其他人，并关闭自己的视频、把麦克风静音。

10. 在面对面的会议中，插话是相当容易的。但在视频会议上插话并不是那么简单。许多程序允许你虚拟地举手。在没有此功能的情况下，你可以通过文字"举手"让会议主持人看到。在任何一种情况下，最好等待会议主持人协调。如果你觉得有必要插话，请务必使用此人的姓名。例如，"乐西，对不起，我想问一个问题。"请记住，在视频会议上人们很难阅读你的肢体语言。因此如果你希望插入对话，就尽可能地直接。

11. 在离开会议之前，确保主持人"正式"结束了通话，然后确保自己真的离开了会议。

关于作者

保罗·L.马西亚诺博士出生于美国新泽西州，获得耶鲁大学临床心理学博士学位。他在人力资源领域工作了三十多年，担任顾问、咨询师、培训师和教练。

他是员工绩效培训领域的权威人物。他的畅销书《胡萝卜加大棒不起作用》在世界范围内广受好评并被翻译成多种语言。

马西亚诺博士热衷于帮助个人和组织处理冲突、改善沟通技能打破部门间的隔阂并促进彼此协作。他致力于在职场上传播彼此尊重的文化，因为这既是正确的做法，又能带来非凡的业务成果。

如需更多信息，请访问 www.PaulMarciano.com。

Paul L. Marciano

Let's Talk About It: Turning Confrontation into Collaboration at Work

ISBN 978-1260-47338-4

Copyright © 2020 by McGraw-Hill Education.

All Rights reserved. No part of this publication may be reproduced or transmitted in any form or by any means, electronic or mechanical, including without limitation photocopying, recording, taping, or any database, information or retrieval system, without the prior written permission of the publisher.

This authorized Chinese translation edition is jointly published by McGraw-Hill Education and China Machine Press. This edition is authorized for sale in the Chinese mainland (excluding Hong Kong SAR, Macao SAR and Taiwan).

Translation Copyright © 2022 by McGraw-Hill Education and China Machine Press.

版权所有。未经出版人事先书面许可，对本山版物的任何部分小得以任何方式或途径复制传播，包括但不限于复印、录制、录音，或通过任何数据库、信息或可检索的系统。

本授权中文简体字翻译版由麦格劳-希尔教育出版公司和机械工业出版社合作出版。此版本仅限在中国大陆地区（不包括香港、澳门特别行政区和台湾地区）销售。

翻译版权© 2022 由麦格劳-希尔教育出版公司与机械工业出版社所有。

本书封面贴有 McGraw-Hill Education 公司防伪标签，无标签者不得销售。

北京市版权局著作权合同登记号：01-2021-7549

图书在版编目（CIP）数据

高难度沟通：如何应对职场高冲突对话/（美）保罗·L.马西亚诺（Paul L. Marciano）著；翁涛译. —北京：机械工业出版社，2022.7

书名原文：Let's Talk About It: Turning Confrontation into Collaboration at Work

ISBN 978-7-111-70932-9

Ⅰ.①高… Ⅱ.①保… ②翁… Ⅲ.①心理交往-通俗读物 Ⅳ.①C912.11-49

中国版本图书馆 CIP 数据核字（2022）第 096711 号

机械工业出版社（北京市百万庄大街22号 邮政编码100037）
策划编辑：侯春鹏　　　　　责任编辑：侯春鹏　康　宁
责任校对：薄萌钰　李　婷　责任印制：郜　敏
三河市骏杰印刷有限公司印刷
2022年9月第1版·第1次印刷
148mm×210mm·8.5印张·2插页·129千字
标准书号：ISBN 978-7-111-70932-9
定价：59.80元

电话服务	网络服务
客服电话：010-88361066	机　工　官　网：www.cmpbook.com
010-88379833	机　工　官　博：weibo.com/cmp1952
010-68326294	金　书　网：www.golden-book.com
封底无防伪标均为盗版	机工教育服务网：www.cmpedu.com